Stefan Winkelmeyr

Selbst
Gartenkamine und
Grillplätze bauen

Compact Verlag

© 2005 Compact Verlag München
Alle Rechte vorbehalten. Nachdruck, auch auszugsweise,
nur mit ausdrücklicher Genehmigung des Verlages gestattet.
Alle Angaben wurden sorgfältig recherchiert, eine Garantie
bzw. Haftung kann dennoch nicht übernommen werden.
Chefredaktion: Evelyn Boos
Redaktion: Uta Lux
Produktion: Wolfram Friedrich
Titelabbildungen: Keller's Kaminhof, Havighorst
Umschlaggestaltung: Ingeborg Cisse

ISBN 3-8174-2243-1
2222439

Besuchen Sie uns im Internet: www.compactverlag.de

Ein Wort zuvor

Selbermachen - ein Hobby, das heute für Millionen zur sinnvollen Freizeitbeschäftigung geworden ist. Ob es sich nun um die gemietete Altbauwohnung oder um die eigenen vier Wände handelt, mit etwas Geschick und einer fachmännischen Anleitung lassen sich oft verblüffende und ansprechende Ergebnisse erzielen: bei kleineren Reparaturen, beim Renovieren und Verschönern und beim Um- und Ausbauen. Und Selbermachen bringt Spaß. Freude an der eigenen Arbeit, deren Ergebnis man Tag für Tag sehen und »bewundern« kann; es spart Geld, mit dem sich langgehegte Wünsche erfüllen lassen, und es macht unabhängig von Handwerkern, auf die man wochenlang und schließlich vergoblich gewartet hat.

Fachgeschäfte, Heimwerker- und Baumärkte versorgen den Hobby-Handwerker mit allen Werkzeugen und Materialien, die er braucht. Doch richtiges Werkzeug und Begeisterung allein reichen nicht aus. Unerläßlich sind eine gründliche Vorbereitung und Fachkenntnisse,

wie eine Arbeit durchzuführen und was dabei zu beachten ist.

COMPACT PRAXIS **Selbst Gartenkamine und Grillplätze bauen** zeigt, wie man`s macht. Mit wertvollen Tips und Tricks, die sich in der Praxis tausendfach bewährt haben. Jeder Arbeitsgang wird ausführlich Schritt für Schritt gezeigt und in Bild und Text erläutert. Übersichtliche Symbole zeigen auf einen Blick, mit welchem Schwierigkeitsgrad, welchem Kraft- und Zeitaufwand Sie bei jedem Arbeitsgang rechnen müssen, welche Werkzeuge Sie brauchen und wieviel Geld Sie durch Ihre eigene Arbeit einsparen können.

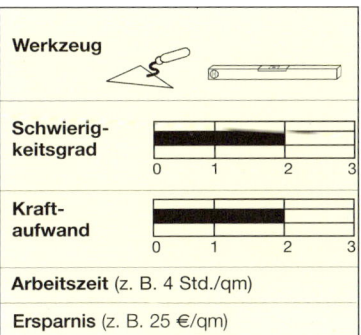

Werkzeug		
Schwierig-keitsgrad	0 1 2 3
Kraft-aufwand	0 1 2 3
Arbeitszeit (z. B. 4 Std./qm)		
Ersparnis (z. B. 25 €/qm)		

Und so stufen Sie sich richtig ein:

Schwierigkeitsgrad 1 - Arbeiten, die selbst der Ungeübte ausführen kann. Es ist nur geringes handwerkliches Geschick erforderlich.

Schwierigkeitsgrad 2 - Arbeiten, die einige Übung im Umgang mit Werkzeug und Material erfordern. Es ist handwerklich durchschnittliches Geschick notwendig.

Schwierigkeitsgrad 3 - Arbeiten, die fachmännische Übung erfordern. Überdurchschnittliches Geschick ist erforderlich.

Kraftaufwand 1 - Leichte, einfache Arbeit, die jeder bequem erledigen kann.

Kraftaufwand 2 - Arbciton, die eine gewisse körperliche Kraft voraussetzen.

Kraftaufwand 3 - Arbeiten für kräftige Heimwerker, die keine »Knochenarbeit« scheuen.

Auf einen Blick

Inhaltsverzeichnis

Gesetze, Verordnungen, Umweltschutz

Auskunft gibt die Baubehörde

Rauch in Nachbars Garten

Nach Auskunft von zuständigen Baubehörden ist der Bau eines Gartenkamins oder eines Backhauses als fester Baukörper nicht immer genehmigungsfrei. Da es sich aber um nur geringfügige Baumaßnahmen mit geringer Höhe, zudem meistens abgeschirmt durch Buschwerk oder Bäume, handelt, lohnt es sich in jedem Fall, sich beim zuständigen Bauamt zu erkundigen, ob eine **Genehmigung** eingeholt werden muß. Falls Sie eine Genehmigung benötigen, müssen Sie ein Bauantragsformular, einen Lageplan, einen Grundriß und eine Höhenführung des Bauwerks sowie die Entfernung vom nächstliegenden Wohnraumfenster angeben.

Der Bauantrag wird dem Umweltamt zur Beurteilung vorgelegt. Kamine und damit auch Gartenkamine und Backhäuser unterliegen dem **Bundesemissionsschutzgesetz** (§ 22 - 25). Darin ist gesetzlich festgelegt, daß der Gartenkamin die richtige Verbrennung und Abführung des Rauchs gewährleisten muß. In § 25 ist ausdrücklich auf die Möglichkeit hingewiesen, daß bei nicht ausreichendem Schutz der Nachbarschaft eine Ablehnung des Bau-

vorhabens ausgesprochen werden kann. Nach dem Gesetz unterliegt der Grillkamin oder der Backofen der allgemeinen **Kaminkehrerpflicht.** Sprechen Sie Ihren Schornsteinfeger doch vor dem Baubeginn darauf an, wie es in Ihrer Region gehandhabt wird. Die Kaminkehrerpflicht ist Sache der Gemeinde und wird damit kommunal unterschiedlich gehandhabt. Außerdem sollten Sie die angrenzenden Nachbarn über Ihr Bauvorhaben informieren. Falls eine grundsätzlich ablehnende Haltung dem Projekt gegenüber, etwa wegen vermeintlicher Rauch- und Geruchsbelästigung, besteht, ist Streit meist vorhersehbar. Schlimmstenfalls kann das Ordnungsamt Ihnen die Benutzung des Gartenkamins verbieten.

Umweltschutz im kleinen können auch Sie betreiben. Ein Gartenkamin ist keine billige Müllverbrennungsanlage. Sie sollten vor allem darauf achten, keine Plastikgegenstände als Brennmaterial zu verwenden. Durch das Verbrennen von Kunststoff oder eingefärbten Papieren entstehen hochgiftige Schadstoffkomponenten. Deshalb sollten unbedingt nur Brennstoffe wie Papier, Holz oder Kohle verwendet werden.

Der richtige Standort

Die Frage nach dem Standort darf nicht unterschätzt werden. Schön ist es, wenn am Grillplatz ein schattenspendender Baum steht, unter den Sie sich setzen können. Da beim Grillen oft Gäste kommen, sollte die Grundfläche der Gartengrillanlage nicht kleiner als 10 qm für Sitzgelegenheiten sein. Der Grill sollte so angeordnet werden, daß Rauch und Hitze nicht zum Sitzplatz ziehen.

Natürlich können Sie den Gartengrill auch in Ihre Terrasse einbauen oder in einen bereits vorhandenen Freisitz integrieren. Dann haben Sie den Grillplatz und die Sitzgelegenheiten sinnvoll zusammengefaßt.

Ökotip
Es ist nicht angenehm, wenn Sie im Sommer durch rauchende Grills und Partylärm belästigt werden. Bedenken Sie bei der Wahl des Standortes, aus welcher Richtung an Sommertagen der Wind kommt. Der Rauch sollte ungehindert nach oben abziehen können. Hecken, Sträucher oder Schutzwände halten den Lärm vom Nachbargrundstück ab.

Eine weitere Möglichkeit stellt ein mobiler Partygrill dar. Damit sind Sie unabhängig von Wind und Standort. Alle Grillutensilien sind praktischerweise stets zur Hand, ob Sie sich auf der Terrasse oder im Garten aufhalten wollen.
Eine reizvolle Lösung ist auch eine komplette Sommerküche, bei der

Sie das Bruzzeln ins Freie verlagern. Unter Umständen können Sie Ihren vorhandenen Grill sogar einbauen. Wer die chinesische Küche vorzieht, kann auch einen Wok, die Form der asiatischen Pfanne, auf einem Spiritusbrenner benutzen. Ihrer Phantasie sind keine Grenzen gesetzt.

Grillen in gemütlicher Runde

Arbeitserleichterung durch Mietgeräte

1

2

3

4

5

6

Für eine Reihe von Arbeiten benötigen Sie Werkzeuge, deren Anschaffung sich für den Heimwerker nur bei häufigem Benutzen lohnt. Trotzdem sollte man auf diese Hilfen nicht verzichten, da sie die Arbeit erheblich erleichtern. In den meisten größeren Orten gibt es Firmen, die solche Geräte verleihen. Die Preise richten sich nach der örtlichen Bedarfssituation und der Mietdauer. Es lohnt sich, sich vor dem Arbeitsbeginn darüber zu informieren. Auf alle Fälle ersparen Sie sich mit dem Mieten die Anschaffung eines Gerätes, das Sie selten benützen, und Sie müssen weiterhin Ihre Heimwerkerpläne nicht nach Ihrem Geräte- und Werkzeugstand ausrichten.

1 Um für die Fundamentierung von Pfosten und Pfeilern das Loch auszuheben, können Sie **Erdbohrer** mit verschiedenen Durchmessern und Motorantrieb ausleihen, die von zwei Personen bedient werden müssen.

2 **Betonmischmaschinen**, z.B. zum Mischen von Beton für eine Bodenplatte oder zum Anmischen von großen Mengen Mörtel oder Putzmörtel, gibt es mit 220 V- und 380 V-Anschlüssen.

Dabei ist zu berücksichtigen, ob ein Starkstromanschluß für Ihre Arbeiten vorhanden ist.

3 Auch einfache Geräte wie **Schubkarren** finden Sie im Sortiment der Leihfirmen. Eine moderne Variante: Der motorbetriebene Schubkarren, der vor allem bei Arbeiten in Hanglagen eine erhebliche Erleichterung darstellt.

4 Beim Verlegen von Natursteinen lassen sich Schneidearbeiten nur selten vermeiden. Mit einer elektrischen **Steinsäge** sorgen Sie für einen sauberen senkrechten Schnitt. Für die Maschine ist ein Wasseranschluß notwendig. Auch hier müssen Sie vorher klären, ob Sie einen entsprechenden Stromanschluß haben!

5 Für den Belag der Bodenfläche finden Betonplatten häufig Verwendung. Mit dem langen Hebel des **Steinspalters** ist das exakte Trennen nach Maß kein Problem. Sorgen Sie aber für eine ausreichende Befestigung des Geräts.

6 Für die Verdichtung des Unterbaus stehen eine Reihe von verschieden großen **Rüttelplatten** zur Verfügung. Diese Geräte werden meist mit Benzin betrieben. Sie sorgen für eine verdichtete, glatte Oberfläche. Eine noch stärkere Pressung des Unterbaus können Sie mit einem sogenannten »Frosch« erreichen.

7 Bei größeren Erdbewegungen und Planierungen lohnt es sich, einen **Kleinschieber** auszuleihen.

8-9 Bagger in kleinen Größen sind bei Aushubarbeiten größeren Umfangs unerläßlich. Bedenken Sie, daß Sie für einen Grillplatz mit 12 qm einen Aushub von 7-10 Kubikmetern bewegen müssen, daher lohnt sich ein solches Gerät bestimmt. Für den Bagger gibt es entsprechend den jeweiligen Einsatzbereichen verschiedene Schaufeln: schmale für Gräben, mittlere für schwere Böden und breite Schaufeln für den schnellen Abraum.

Profitip
Diese Raupengeräte setzen Sie aber nur in Ihrem Garten ein, wenn der Boden abgetrocknet ist, um unnötige Bodenverdichtung mit tiefen Arbeitsspuren zu vermeiden.

7

8

9

Beton

Gerade bei Fundamentarbeiten und als Material für Abdeckplatten wird wegen der hohen Belastbarkeit und Haltbarkeit oft der Werkstoff Beton eingesetzt.

1 Beton ist ein Gemisch aus Wasser und Zement mit Zusatzstoffen wie Sand, Kies, Schotter oder Splitt. Entscheidend für die **Qualität** des Betons ist neben der Art des verwendeten Zements das richtige Mischverhältnis der einzelnen Bestandteile.

2 Zement erhalten Sie in den üblichen 50 kg Säcken. Meistens wird der hellgraue Portlandzement verwendet. Auf den farblich unterschiedlichen Säcken findet man neben der Klassifizierung noch die Bezeichnung für die nach 28 Tagen erreichte **Mindesthärte** in N/mm², z.B. Z 25, Z 45 oder Z 55. Überlegen Sie beim Kauf, welchen Belastungen Ihr Projekt ausgesetzt sein wird. Die Abkürzung L bedeutet ein langsameres Aushärten des Zements, F steht für ein früheres Aushärten.

Je nach Menge und Art der Zusatzstoffe unterscheidet man verschiedene **Betongüteklassen**. Bei Fundamentarbeiten sowie Bo-

denplatten, die auch frostsicher sein sollten, eignet sich folgendes Mischverhältnis: ein Teil Zement auf 6-8 Teile Zuschlagstoff, der aus 40% Sand und 60% Kies oder Splitt mittlerer Körnung besteht. Bei diesem Mischverhältnis benötigen Sie für einen Kubikmeter Beton ca. 270 kg Zement und 1125 Liter Kiessand.

3 Beton können Sie sich auch fertig anliefern lassen. Bitte geben Sie an, für welchen Zweck Sie den Beton einsetzen wollen, und berechnen Sie ungefähr die benötigte Menge.

Profitip
Zum Mischen des Betons sollte so wenig Wasser wie möglich beigegeben werden. Beim Aushärten des Zements wird nur ein Teil des Wassers chemisch gebunden, der Rest verdunstet mit der Zeit und hinterläßt nach der Verdunstung kleine Hohlräume, die sich natürlich negativ auf die Festigkeit des Betons auswirken. Als Faustregel ist anzusetzen, daß bei einem Gewichtsanteil Wasser auf vier Gewichtsanteile Zement das gesamte Wasser chemisch gebunden wird.

Betonfertigteile

1 Neben Betonsteinen liefert die Industrie auch **Betonfertigteile**.

2 Für den Bodenbelag gibt es neben der Plattenform (siehe S. 18) **Pflastersteine** in verschiedenen Profilierungen. H-förmige, wabenförmige oder sich verzahnende Formen werden im Verbund auf ein Mörtel- oder Sandbett gelegt und bilden so einen strapazierfähigen Bodenbelag.

3-4 Zur Abgrenzung gegenüber Rasen oder als Stufenplatten sind **Randplatten** in verschiedenen Querschnitten und Breiten, gerundet oder kantig, schmal oder breit erhältlich.

5 Falls Sie einen Durchgang zum Grillplatz bauen wollen, müssen Sie einen **Sturz** einbauen. Neben mit Stahl bewehrten Betonstützen können Sie sich auch für Ziegel oder Leichtbeton mit Stahlbetonkern entscheiden.

6 Runde **Scheiben** oder **Rohre** aus Beton lassen sich z.B. als Tischfuß einsetzen. Die wie ein umgekehrtes, gebogenes V geformten Teile sind auch als oberer Kaminabschluß an Ihrem Grillkamin denkbar.

1

4

2

5

3

6

Ziegel und andere Mauersteine

Ziegel

Klinker

Für die meisten angebotenen Mauersteine gilt die Verwendung von **Standardformaten**. Das hat den Vorteil, daß unterschiedliche Formate auch verschiedener Werkstoffe miteinander verbaut und kombiniert werden können. Standardformate sind:

Dünnformat (DF): 24 cm lang, 11,5 cm breit und 5,2 cm hoch. 16 Steinlagen ergeben eine Mauerhöhe von 1 m.
Normalformat (NF): 24 x 11,5 x 7,1 cm (1 m Wandhöhe entsteht bei 12 Lagen).
2 x Dünnformat (2 DF): 24 x 11,5 x 11,3 cm (1 m Wandhöhe entsteht bei 8 Lagen).
3 x Dünnformat (3 DF): 24 x 17,5 x 11,3 cm (es werden ebenfalls 8 Lagen für 1 m Wandhöhe benötigt).

Ziegelstein

Die normalen Ziegelsteine bestehen aus Ton oder Lehm mit Zusatz von Sand und bestimmten Chemikalien. Diese Rohmasse wird mittels einer Presse zu einem rechteckigen Strang verdichtet und mit einer speziellen Schneidevorrichtung den Formaten entsprechend zu Formlingen geschnitten. Nach dem Trocknen werden die Tonsteine gebrannt. Normale Ziegel können bei eindringender Feuchtigkeit vor Frost durch eine Putzschicht oder ein Verblendmauerwerk geschützt werden.

Neben den Vollziegeln werden meistens Lochziegel mit unterschiedlicher Lochform (Gitter-, Wabenziegeln) auf der Baustelle eingesetzt. Dies bedeutet eine erhebliche Reduzierung des Gewichts und des verwendeten Rohstoffs.

Klinker

Klinkersteine gibt es als Vollziegel, Pflasterplatten oder Mauerverblendplättchen in verschiedenen Stärken und Formaten.

Profitip
Bedenken Sie bei der Verwendung von Klinkersteinen als Bodenbelag, daß sich dunkles Material bei Sonneneinstrahlung sehr aufwärmt und ohne Schuhe fast nicht begehbar ist.

Klinker werden aus Ton hergestellt, sie werden bis zur Glasierung des Tons gebrannt. Der ungelochte Vollziegel ist frostsicher und gegenüber Umwelteinflüssen sehr widerstandsfähig.

Hohlräume und Innenrisse können aber zum Aufplatzen des Steins führen. Die Färbung reicht von rot über braun bis hin zu blau und schwarz. Die Färbung ist meist in einem Produktionsgang nicht gleichmäßig. Sie können bedenkenlos im Baufachhandel die Ziegel Ihrer Wahl zusammenstellen.

Pflasterwürfel aus Klinker gibt es im Format 6 x 6 bis max. 40 x 40 cm. Daneben werden Klinker auch in verschiedenen Verbundsteinformaten ähnlich wie Betonstein angeboten. Klinker ab 5 cm Stärke sind übrigens auch für das Befahren mit dem PKW geeignet.

Kalksandstein

Kalksandsteine werden aus gemahlenem, gebranntem Kalk, der im Produktionsablauf »gelöscht« wird, und Zusatzstoffen wie Sand mit Wasser gebunden.

Die verdichtete und geformte Mischung wird mit heißem Dampf gehärtet. Die Steine sind im Gegensatz zum Klinker jeweils exakt gleich groß und haben genaue, scharfe Kanten. Kalksandstein ist frostsicher und hat einen hohen Festigkeits- und Haltbarkeitswert. Kalksandsteine sind in über 30

verschiedenen Größen erhältlich: als Vollstein mit Griffschlitz oder gelocht. Standardformate sind 30 x 14,5 cm, 24 x 30 cm, 24 x 17,5 cm, und 24 x 11,5 cm jeweils in der Höhe von 11,3 cm.

Kalksandstein eignet sich, ebenso wie Klinker, zur Erstellung eines Sichtmauerwerks, wobei man mit der Anordnung der Steine und Formate im Verband unterschiedliche Muster erzeugen kann.

Leichbetonstein

Leichbetonsteine setzen sich aus Kalk oder Zement, gemischt mit leichten Stoffen wie Bims, Hochofen- oder Lavaschlacke, Tuffstein oder Ziegelsplitt zusammen.

Je nach Zusatzstoff haben die Steine ein unterschiedliches Gewicht. Leichtbetonstein wird meist als Zwei- oder Dreikammerstein hergestellt, der auch als Hohlblockstein bezeichnet wird. Fünf Formate zwischen 11,5 x 11,5 x 240 cm und 11,5 x 30 x 49 cm sind als Vollziegel erhältlich. Hohlblocksteine für die Mauerdicken 17,5, 24, 30, 36,5 cm sind jeweils 23,8 cm hoch und in Längen zwischen 24 und 49 cm zu erhalten (Siehe dazu auch S. 35).

Kalksandstein

Profitip

Die große Palette von Mauersteinen jedweden Formats, die heute überall angeboten wird, sollte bei keinem Handwerker zu Irritationen führen. Trotz aller Vielfalt in Form und Material haben alle diese Mauersteine gemeinsame Normabmessungen. Die Maße und Formen sind stets so aufeinander abgestimmt, daß sie auch mit Steinen unterschiedlichen Formats arbeiten können, ohne einen Materialverlust fürchten zu müssen.

Porenbeton, der leichte Werkstoff

Porenbeton besticht durch sein geringes Gewicht und die vielfältigen Bearbeitungsmöglichkeiten.

Bei der Herstellung von Porenbeton werden Sand, Zement, Kalk und Wasser unter Zusatz eines Treibgases vermischt und in Formen gegossen. Durch das Treibgas entsteht eine Vielzahl von kleinen Luftporen, wodurch der Stein seine Leichtigkeit erhält. Zuletzt wird der Stein noch mit Dampf gehärtet. Porenbeton hat den Vorteil, daß er sich mit Raspeln, Sägen, Feilen bearbeiten läßt. Trotzdem ist das Material sehr druckfest und auch für tragende und nichttragende Teile geeignet.

Porenbeton nimmt nur sehr wenig Feuchtigkeit auf und ist daher nicht frostempfindlich. Wenn der Stein aber dauernd Frost und Regen ausgesetzt ist, sollte er durch Putz oder frostsichere Fliesen geschützt werden. Porenbeton ist **unbrennbar** und je nach Ausführungsqualität **feuerbeständig**, was für den Einsatz als Baumaterial für einen Gartengrill besonders wichtig ist. Porenbeton gehört nach DIN 4102 zu den nicht brennbaren Baustoffen der Klasse A1.

Porenbeton wird in einer breiten Palette an Formaten und Druckfestigkeitsklassen angeboten. Standardformate, auf die Sie Ihre Planung aufbauen sollten, um viele Sägeschnitte zu vermeiden, sind Platten mit einer Länge von 50 cm, einer Höhe von 25 cm und Dicken von 7,5 / 10 / 12,5 / 15 / 17,5 / 20 / 25 / 30 / 37,5 cm. Neben den Standardformaten gibt es Spezialformate, die für den Bau von Ablagen am Grill verwendet werden können: sie haben eine Länge von 62,5 cm, eine Höhe von 25 cm und Dicken von 5 / 7,5 / 10 / 12,5 / 15 / 17,5 / 20 cm. In 75 cm Länge bei einer Höhe von 50 cm sind Porenbetonsteine noch in den Dicken 7,5 / 10 / 12,5 erhältlich, die sich besonders gut für den Einsatz als Arbeitsplatten oder Regalböden eignen.

Für den Einsatz im Innen- und auch im Außenbereich gibt es spezielle Kleber, die in Kartuschen oder Eimern angeboten werden. Putz und Tiefgrund sind ebenfalls genau auf die speziellen Erfordernisse von Porenbeton abgestimmt. Einfache Befestigungen in Porenbeton lassen sich mit Vierkantnägeln, stabile Befestigungen mit speziellen Porenbetondübeln, bewerkstelligen.

Porenbetonsteine

Mörtel

Für Aufbauten mit Ziegel oder als Bett für die Schamottesteinteile benötigt man **Maurermörtel**. Mörtel ist eine Mischung aus Bindemittel, feinem Zuschlagstoff und Wasser. Der Zuschlagstoff, in der Regel gemischtkörniger Sand (große und mittlere Körnchen), muß frei von Beimischungen wie Humus, Lehm oder Ton sein. Dies sind Stoffe, die sich mit dem Bindemittel nicht verbinden. Am besten eignen sich scharfkantige Gefüge, wie sie bei Fluß- oder Grubensand auftreten.

Je nach Bindemittelzusatz unterscheidet man zwischen Kalk-, Kalkzement- und Zementmörtel. Für **Kalkmörtel** verwenden Sie am besten Kalkhydrat. Dies hat den Vorteil, daß Sie den Kalk nicht »löschen« müssen. Kalkstein wird gebrannt zu Branntkalk. Dieser wird durch Anrühren in Wasser zu Löschkalk. Getrocknet und gemahlen erhalten Sie Löschkalk dann als Kalkhydrat im Handel. Das Mischungsverhältnis für den Kalkmörtel ist 1 Teil Kalkhydrat auf 3-4 Teile Sand. Kalkmörtel ist elastisch und erhärtet nicht so schnell, so daß sich nur selten Risse bilden. Verwendet wird er vor allem bei Innenwänden. Im Ge-

gensatz dazu bindet **Zementmörtel** sehr rasch ab. Bei hoher Festigkeit neigt er zu Schrumpfung und Rissen. Das Verhältnis Zement zu Sand beträgt 1 : 4. Der Mörtel soll immer so fest sein wie das Material, das mit ihm verarbeitet wird. Eingesetzt wird er bei hoher Belastung und bei feuchtigkeitsgefährdetem Mauerwerk.

Am häufigsten wird der **Kalkzementmörtel** verwendet. Dabei werden 2 Teile Kalkhydrat mit 1 Teil Zement und 8 Teilen Sand gemischt. Er eignet sich für feuchtigkeitsgefährdete Mauern mit mittlerer Belastung. Die Wasserzugabe richtet sich nach dem Feuchtigkeitsgehalt des Sandes. Fertiger Mörtel sollte hoch aufgehäuft stabil auf der Maurerkelle stehen bleiben. Neigt man die Kelle um ca. 40 Grad, sollte der Mörtel herunterrutschen.

Profitip
Bei kleineren Arbeiten kann ohne Probleme Fertigmörtel verwendet werden. Dem Gemenge wird nach den Herstellerangaben Wasser zugegeben. Nach dem Vermischen bleibt der Mörtel ca. 1-2 Stunden verarbeitbar.

Solnhofer Binder

Fertigmauermörtel

Putz

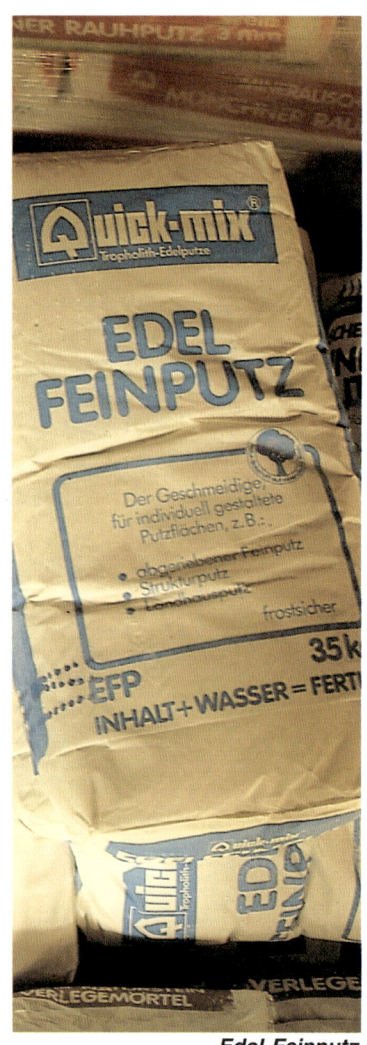

Edel-Feinputz

Außenwand- sowie Außendeckenputz muß eine Reihe von **Eigenschaften** aufweisen:
- er sollte wetterbeständig,
- frost- und temperaturbeständig,
- ausblühungsfrei,
- farbecht sein.

Außerdem sollte er eine
- gute Haftung,
- hohe Festigkeit und eine
- geringe Neigung zu Rissen aufweisen.

Risse führen durch die Kapillarwirkung dazu, daß Wasser in Putz und Mauerwerk eindringen kann und so die Wand durchfeuchtet wird. Helle Putze reflektieren das Sonnenlicht besser als dunkle und sollten deshalb bevorzugt werden.

Mineralische Außenputze werden aus Mineralien wie Luftkalk, hydraulischen und hochhydraulischen Kalken, Kalk mit Zement sowie Zement allein als Bindemittel und Zuschlagstoffen wie Sand oder künstlich gewonnenem Brech- oder Quetschsand gemischt.

Durch den Zusatz von Dichtungsmitteln verbessern Sie die wasserabweisende Struktur des Putzes und verhüten so Feuchtigkeitsschäden. Einfache Möglichkeiten

sind die Zugabe von Frostschutzmitteln oder von Außendispersionsfarben.

Im Baufachhandel ist eine Reihe von **Fertigputzen** im Angebot, die sich sowohl für den Außen- als auch für den Innenbereich eignen. Der angebotene Edelputz besteht aus Bindemitteln, Zuschlagstoffen wie Natursteingranulat, farbigen Glassplittern oder einem Marmoranteil und Farben. Kunstharzputze enthalten als Bindemittel Kunstharze.

Der Putz wird in der Regel in drei Schichten aufgebaut. Als erstes wird ein **Spritzbewurf** aufgebracht. Dafür wird der Putzmörtel stark verdünnt und mit der Dreieckskelle mit Schwung an die Wand geworfen. Er gleicht unterschiedliches Saugverhalten des Untergrunds aus. Der **Unterputz** stellt für den Oberputz die tragende Schicht dar, also eigentlich die Verbindungsschicht von Mauerwerk und Oberputz.

Das »Gesicht« des Putzes ist der **Oberputz,** der, je nach Haustyp und Geschmack, unterschiedlich aufgebracht und strukturiert werden kann (Siehe hierzu S.36).

Fliesen als Boden- und Wandbelag

1 Im Außenbereich werden sehr häufig die rötlich gefärbten Cottofliesen verwendet. Glasiert oder unglasiert sind sie in rechteckigen, quadratischen oder geschwungenen Formen erhältlich. Daneben gibt es gebogene Fliesen, die für die Verkleidung von Säulen verwendet werden können.

2 Ebenfalls für den Außenbereich sind frostsichere, glasierte Fliesen geeignet. Durch die Glasur sind die Fliesen gegen Kalkablagerungen und andere Verschmutzungen unempfindlich.

3 Eine granitähnliche Struktur haben Steingutfliesen. Sie besitzen einen dichten und frostsicheren Scherben, der die gleichen Rohstoffe enthält wie der Scherben von Steingut. Wegen der Rutschgefahr bei Nässe sollten Sie fürs Freie die aufgerauhte Variante der Steingutfliesen vorziehen.

4 In der Farbwahl sind Ihnen keine Grenzen gesetzt. Unterschiedliche Töne, farbige Glasuren und verschiedene Toneinfärbungen liefern eine breite Farbpalette. Die Formate reichen von kleinen Mosaikfliesen bis zu 50 x 50 cm großen Kacheln für den Boden.

1

3

2

4

Belag aus Betonplatten

Bodenplatten aus Beton

Bodenplatten aus Beton sind in allen Außenbereichen z.B. als Pflaster in Fußgängerzonen oder als Wegebelag in Gemüsegärten anzutreffen. Die Industrie liefert inzwischen neben dem allgemein bekannten **Waschbeton** mit seiner groben Kieseloberfläche eine Vielzahl an verschiedensten Formen, Farben und Mustern. Waschbeton eignet sich sehr gut für die Verlegung im Freien, da er zum einen frostbeständig, zum anderen gleitsicher ist.

An **Granitkleinsteinpflaster** angelehnt sind quadratische Platten in rechteckiger, runder oder quadratischer Strukturanordnung. Die Platten sind wesentlich günstiger und schneller zu verlegen als das Kleinsteinpflaster. Geschnittene oder geschliffene Betonplatten imitieren je nach Formung, Größe und Farbe des Kieselmaterials Natursteine wie Granit oder Nagelfluh.

Reizvoll sind auch sogenannte **gestockte Oberflächen,** bei denen die glatte Oberschicht durch ein Stockeisen mit dem Preßluftmeißel aufgerauht wird. Die Platten sind von Rot über Braun, in verschiedenen Grautönen und gelblichen Nuancen erhältlich.

Plattenbeläge mit verschiedenen Oberflächen

Dämmstoffe

Beim Bau eines Backofens bzw. als Abgrenzung von durch Befeuerung erhitzten Materialien zu brennbaren Materialien werden Dämm- bzw. Wärmesperrstoffe benötigt. Dazu stehen in erster Linie **Mineralfaserplatten** in den Stärken 3 cm, 6 cm oder 10 cm zur Verfügung. Die Platten, die auch bei Erhitzung in ihrer Form stabil bleiben, gibt es in verschiedenen Formaten. Gegebenenfalls können die Platten mit Baualufolie umwickelt werden, um eine Wärmerückstrahlung zu erreichen.

Mineralfaser ist **unbrennbar**. Durch diese Eigenschaft können die Platten unbedenklich als Trennmaterial eingesetzt werden. Wichtig ist, daß sie sorgfältig verarbeitet werden, damit keine Lücken vorhanden sind.

Mineralfaser **isoliert**. Mineralfaser wird wie ein Vlies zu Platten verarbeitet. Hierdurch bildet sich zwischen den Fasern eine Vielzahl von kleinen Luftpolstern, die einen sehr hohen Isolierwert aufweisen.

Mineralfaser ist **formstabil**. Mineralfaser bleibt auch im Lauf der Jahre in seiner Struktur und Form beständig. Mineralwolle oder Schüttdämmstoffe hingegen können sich gegebenenfalls verdichten, wodurch ungedämmte Hohlräume entstehen.

Mineralfaserplatten saugen kein Wasser und **quellen nicht auf**. Gerade beim Einsatz im Freien ist dies wichtig. Feuchte Luft kann ohne weiteres durch die Dämmschicht diffundieren. Daneben gibt es noch Isolierstoffe in fester Plattenform, sogenannte **Brandschutzplatten**. Diese gepreßten Mineralfaserplatten können Sie meistens mit Holzbearbeitungswerkzeugen zurechtschneiden und formen. Für das Abdichten von Türen, z.B. beim Backofen, erhalten Sie im Ofenfachhandel auch unbrennbare Dichtungsschnüre in verschiedenen Durchmessern.

Sicherheitstip

Vergewissern Sie sich beim Kauf, ob die Dämmstoffe asbestfrei sind. Denn die mikrofeinen Asbestfasern lagern sich beim Einatmen in der Lunge ab und können zu schwerwiegenden Gesundheitsschäden führen.

Dämmstoffplatten

Schüttdämmstoff

Schamotte

Schamotte

Backeinsatz

Falls Sie einen Grillkamin oder Backofen selbst aufbauen wollen, müssen Sie für die Auskleidung des Ofenraumes Schamottesteine verwenden. Schamotte ist ein feuerfester, doppelt gebrannter Ton. Im Gegensatz zum Kachelofenbau, bei dem Wärme vom Feuerungsraum abgegeben werden soll, ist beim Backofen wichtig, daß die Wärme im Innenraum bleibt. Deshalb sollte hier **Isolierschamotte** verwendet werden, das im Verhältnis zu Ofenschamotte nur halb so schwer ist.

Schamotte ist in verschiedenen Größen und Stärken erhältlich. Fertigen Sie am besten eine Skizze von Ihrem Ofen an und lassen Sie sich dann vom Fachhandel die Steine zusammenstellen. **Schamotteziegel** sind etwas größer als Normalziegel. Diese Maßverschiebung muß unbedingt berücksichtigt werden, wenn der Sockel aus Normal- und der Ofen aus Schamotteziegeln aufgemauert wird. Gebräuchlich sind auch **Platten** im Format 25 x 12 cm mit einer Stärke von 2 cm, 3 cm oder 6,5 cm oder im Format 29 x 14 x 2 cm. Die ebenfalls erhältlichen Platten und Stürze müssen mit Vorsicht verwendet werden, da das

Material sehr spröde und damit äußerst bruchanfällig ist. Einer senkrechten Belastung halten größere Schamotteplatten kaum stand.

Profitip
Beachten Sie beim Kauf, daß die Schamottesteine nicht stellenweise violett gefärbt sind. Diese Steine sind schlecht gebrannt, was normalerweise zu einer Qualitätsminderung führt.

Für die Verbindung der Schamottesteine sollten Sie einen speziellen **Mörtel** verwenden, da er Temperaturen von bis zu 700° C standhält. **Schamottemörtel** wird fertig im Handel angeboten, ebenso Feuerzement, der ebenfalls im Feuerraum eingesetzt wird. Beide werden mit Wasser zu einem kuchenteigähnlichen Brei angerührt. Bei einer sehr hellen Färbung des Schamottemörtels kann er durch Beimengung von Schmelzzement und feinem Quarzsand verbessert werden. (Nie mehr als drei Teile Sand auf einen Teil Zement, Gefahr von Rißbildung!) Ofenräume gibt es auch als Fertigsatz im Fachhandel!

Kleine Metallkunde

Eisen, der Grundstoff von **Stahl**, ist nahezu unbegrenzt als Eisenerz verfügbar. Normaler Stahl rostet im Außenbereich durch Einfluß von Feuchtigkeit sehr schnell. Er muß geschützt werden. (Zur Oberflächenbehandlung siehe S. 22!) Durch Zusätze wie Chrom, Nickel, Vanadium wird Stahl zu Werkzeugstählen und nicht rostenden Edelstählen gehärtet.

Stahl ist ebenso wie die anderen Metalle in Form von Blechen (1/10 - 100 mm) in den verschiedensten Voll- oder Hohlprofilen erhältlich: runde, rechteckige, quadratische Querschnitte als Rohr, in L-, U-, T- oder Doppel-T-Form. Daneben gibt es für den Türen- oder Fensterbau eine Vielzahl von speziellen Profilquerschnitten. Sie erhalten Bleche mit Riffelung für rutschsichere Abdeckungen oder Lochbleche. Die Verwendung von Stahl ist sehr vielseitig: vom einfachen Nagel bis zum Trägermaterial bei Hochhausbauten. Stahlteile erhalten Sie im Eisenhandel oder bei Schlossereien. Im Baubereich wird Stahl auch als Bewehrung in Form von Baustahlmatten oder Stangen eingesetzt. Die Rundstäbe sind geriffelt, damit sie besser im Beton eingebunden sind.

Die Buntmetalle **Messing** und **Kupfer** zeichnen sich durch ihre leichte Verformbarkeit und Beständigkeit auch im Freien aus. Messing ist eine Mischung aus Kupfer und Zink. Kupfer und Messing werden nicht wie Eisen geschweißt, sondern meistens hart mit besonderen Hartlötstäben oder weich mit Lötzinn gelötet. Kupfer ist z.B. das geeignete Metall für die Kaminhaube auf Ihrem Kamingrill.

Zink ist besonders witterungsbeständig. Deshalb wird Zink auch bevorzugt für die Oberflächenkonservierung von Stahl verwendet. Dieser Vorgang nennt sich »verzinken«. Sie können selbstverständlich auch reine Zinkbleche, z.B. als Abdeckung von Mauern, verwenden.

Sicherheitstip

Vorsicht: Wo Kupfer und Zink so eingebaut werden, daß sie sich berühren, bildet sich wie in der Batterie ein galvanisches Element, das zur Zersetzung des Zinks führt. Also: Keine verzinkte Stahlkonstruktion unter das Kupferdach bauen.

Verschiedene Stahlprofile

Baustahlmatten

Geriffelte Baustahlstäbe

Oberflächenbehandlung von Metallen

Ansetzen der Lösung

Auftrag der Lösung

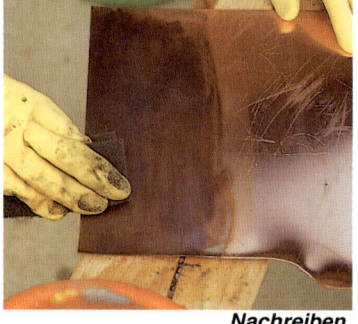

Nachreiben

Edelstahl

Edelstahl ist eine Legierung von Eisen mit Zusätzen wie Chrom oder Nickel. Es ist dadurch vor Rost geschützt. Wichtig ist, daß beim Schweißen Edelstahlschweißdraht verwendet wird. Schleifwerkzeug wie Feilen, Bürsten oder Flexscheiben sollen nicht vorher bei normal rostendem Stahl benutzt werden, da sich sonst Staubpartikel des normalen Stahls in die Edelstahloberfläche eingraben und rosten können.

Buntmetalle

Kupfer ist ein Edelmetall und hat eine leuchtend rote Farbe, bildet im Freien bekanntermaßen ohne zusätzliche Behandlung eine dunkelbraun-grünliche Oxidschutzschicht, die eine weitere Korrosion verhindert. Durch Einwirkung von Säuren im Regen entsteht teilweise auch Grünspan, der sich bei Regenfall auch an umliegenden Mauern grünlich ablagern kann.

Künstlich kann man eine Schutzschicht aus in warmen Wasser gelöster »Schwefelleber«, die in Apotheken erhältlich ist, chemisch erzeugen. Ein Stück in der Größe eines Würfelzuckers auf 1 Liter Wasser reicht für ca. 1 qm Kupfer-

oberfläche. Fett und Zunder müssen vorher abgeschliffen werden. Danach wird das Blechteil mit Wasser abgespritzt. Auf die nasse Oberfläche trägt man mit einer Stahlwolle die Schwefelleberbrühe auf, bis eine gleichmäßige Oberflächenfärbung entsteht. Mit dem Wasserschlauch werden anschließend die Schwefelleberreste abgespritzt.

Falls die Färbung zu dunkel ist, kann man das Blech mit einer feinen Stahlwolle im nassen Zustand noch leicht aufhellen.

Anschließend abspritzen und mit einem Lappen trockenreiben, damit sich keine Läufer und Tropfen bilden können.

Bei Messing empfiehlt es sich, ausschließlich die natürliche Oxidation abzuwarten. Es entsteht meist eine leicht gelblich-ockerbraune, in seltenen Fällen eine mittelbraune Färbung.

Aluminium

Aluminium hat die vorteilhafte Eigenschaft, nicht zu rosten, und kann in verschiedenen Farben eloxiert, d.h. elektrolytisch oxidiert werden. Beim Streichen von Aluminium ist ein für Aluminium geeigneter Haftgrund notwendig.

Bei Teilen aus **nicht legiertem Stahl** bestehen verschiedene Möglichkeiten der Oberflächenbehandlung:

Verzinken

Feuer- oder Tauchverzinkung in einer Verzinkerei. Die silbrig glänzende Oberfläche kann danach mit Zinkhaftgrund und Lack behandelt werden.

Lackieren

Die rost- und fettfreie Oberfläche wird zuerst mit einem Rostschutzgrund gestrichen. Danach können verschiedene Lacke aufgetragen werden wie Acryl- oder Kunstharzlacke. Eine schöne Oberflächenstruktur ergeben auch sogenannte Eisenglimmer oder Hammerschlaglacke. Bei Teilen, die durch die Befeuerung erhitzt werden, müssen hitzebeständige Lacke verwendet werden. Diese gibt es im Ofenfachgeschäft.

Ökotip

Verwenden Sie umweltfreundliche Lacke wie Acryllacke, die Sie in unterschiedlichen Farben für die meisten Einsatzbereiche erhalten. Achten Sie auf eine ordnungsgemäße Entsorgung von Resten!

Verchromen oder Vernickeln

Falls der Grillrost und andere Teile, die immer wieder gereinigt werden müssen, aus Stahl hergestellt werden, können diese Teile auch verchromt oder vernickelt werden. Entsprechende Firmen finden Sie im Branchenbuch.

Ölen

Eine umweltfreundliche und den Charakter des Stahls erhaltende Behandlung ist das Auftragen von Leinöl auf die saubere, fettfreie Oberfläche. Diese kann auch in Hitzebereichen erfolgen, da sich das Leinöl einbrennt und eine mattschwärzliche Färbung ergibt.

Vorteile des Leinöls sind seine gute Haftung auf allen Untergründen, seine hohe Kälte- und Wärmebeständigkeit und seine Dauerelastizität. Falls nach einiger Zeit ein leichter Flugrostansatz sichtbar wird, kann dieser einfach mit Stahlwolle entfernt und der Stahl mit einem fusselfreien Lappen erneut eingeölt werden. Das gleiche gilt auch für Teile aus Stahlguß.

Einige Hersteller verwenden aber auch **rostfreie Legierungen** für ihre Gußteile. Eine Nachbehandlung ist meist nicht erforderlich.

Lackieren

Ölen

Holz und Holzwerkstoffe

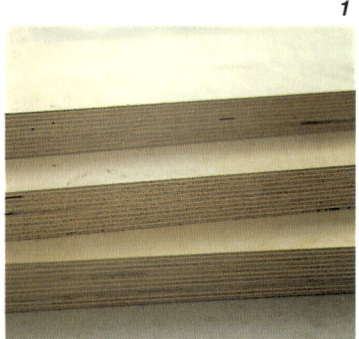

1 Die in unseren Breiten am häufigsten verwendeten Hölzer im Außen- und Innenbereich sind **Kiefer** und **Fichte**. Sie sind relativ preiswert und als Bretter, Balken und Bohlen im Handel. Neben Standardmaßen und Profilen können Sie sich in Sägewerken und Schreinereien jedes beliebige Maß zurechtschneiden lassen.

Für nicht sichtbare Unterkonstruktionen genügt eine sägerauhe Oberfläche. Ansonsten empfiehlt es sich, die Flächen hobeln zu lassen. Bei tragenden Konstruktionen müssen Sie statische Belastungsgrenzen beachten. Der Sägewerksmeister wird Ihnen sicherlich behilflich sein, die Hölzer in der notwendigen Stärke zusammenzustellen.

Bei breiteren Brettern muß man im Außenbereich aufgrund des Wechsels von Sonne und Regen und der unterschiedlichen Feuchtigkeit von Luft und Holz damit rechnen, daß sie sich verwerfen und verziehen. Abhilfe schafft in einem gewissen Maß ein Aufbau mit kleinen Abständen und schmalen Brettern oder die Verwendung von Leimholz. Dies sind schmale, zu breiten Brettern miteinander verleimte Holzleisten aus Kiefer, Fichte, Eiche oder Buche. Buchenleimholzplatten eignen sich wegen ihrer Härte gut als Tisch- oder Arbeitsplatten.

2 Daneben lassen sich im Außenbereich noch die schichtverleimten und wasserfesten **Multiplexplatten** im Freien einsetzen. Diese Platten bestehen aus mehreren im Wechsel quer- und längsverlaufenden Buchen- oder Birkenholzschichten.

Durch die kreuzweise Faserausrichtung bleiben die mit wasserfestem Kleber verbundenen Furnierschichten formstabil.

3 Bei **Spanplatten** sollten Sie die wasserfeste Qualität verwenden. Sie eignen sich gut als Trägermaterial von vor Feuchtigkeit schützenden Beschichtungen wie z.B. Außenfliesen. Die Schnittkanten sollten aber gut gegen eindringende Nässe abgedichtet werden, weil die Platten ansonsten leicht aufquellen.

Ökotip
Verzichten Sie zugunsten der Umwelt auf die Verwendung von tropischen Edelhölzern wie Teak oder Mahagoni.

Holzschutz

Holz muß gegen Feuchtigkeit, Pilz- und Schädlingsbefall geschützt werden.

1 In Holzfachhandel und Baumärkten findet man eine Palette von Holzstangen, Holzbrettern und Holzbalken, meist Fichte oder Tanne, die bereits im Tauchverfahren oder durch Kesseldruckimprägnierung behandelt wurden. Je nach **Imprägnierung** sind die Hölzer in ihrer natürlichen Farbe erhalten oder grünlich bzw. dunkelbraun gefärbt.

2 Nicht vorbehandelte Hölzer können vor dem Zusammenbau auch mit einer **Holzlasur** geschützt werden. Verschiedene Farbtöne, auch Edelholzimitationen wie Palisander, Teak u.a., sind bereits fertig im Handel erhältlich. Aus einer farblosen Lasur, der ca. 10-15% eines geeigneten Farblacks hinzugegeben wird, können Sie aber auch eine Vielzahl von Farbtonen mischen.

Lasuren schließen die Holzoberfläche nicht ab, sondern lassen die Feuchtigkeitsregulierung des Holzes zu. Die Holzmaserung und damit der Materialcharakter bleibt erhalten. Unbehandeltes Holz sollte mindestens zweimal mit einer Lasurschicht versehen werden. Eine Auffrischung alle zwei Jahre verhindert, daß das Holz verwittert.
Falls eine geschlossene Schutzschicht erwünscht ist, können Sie die Hölzer mit einer **Lackschicht** versehen. Eventuell vorhandene rauhe Stellen müssen mit Schleifpapier nachgeschliffen werden. Neben Kunstharzlacken auf Lösungsmittelbasis eignen sich Acryllacke auf Wasserbasis. Sie werden mit Wasser verdünnt und Pinsel, Farbroller und Farbschalen mit Wasser gereinigt. Acrylfarben sind je nach Hersteller nach 20 Minuten staubtrocken und können nach einigen Stunden überstrichen werden. Als Grundierung kann die Acrylfarbe selbst benutzt oder mit einem Universalgrund vorgestrichen werden.

3 Eine umweltfreundliche Methode, die regelmäßige Nachbehandlung erfordert, ist das **Wachsen** von Holz. Verwenden Sie lösungsmittelarme Wachse! Die Holzoberfläche sollte möglichst glatt sein. Das Wachs wird mit Lappen oder Pinsel aufgetragen. Nach dem Antrocknen wird das überschüssige Wachs mit einem fusselfreien Tuch abgenommen.

1

2

3

Gartengrill, Gartenkamin und Backhaus

Gartenkamin

Grillplatz

Gartengrills, die moderne Variante der Lagerfeuerromantik, findet man in verschiedensten Ausführungen, vom kleinen zerlegbaren Kleingrill bis zur Grillstation im eigenen Garten.

Befeuert werden diese Grills meist mit Holzkohle, die unter einem Auflagerost oder, als neue Möglichkeit, senkrecht in einen Drahtkorb geschichtet wird. Dies hat den Vorteil, daß kein Fett auf die glühenden Kohlen tropft und verbrennt!

Wer öfter grillt und genügend Platz auf der Terrasse oder im Garten hat, kann sich einen kleinen **Grillplatz** mit Sitzgelegenheiten bauen. Ein integrierter Staubereich für die verschiedenen Grillutensilien ist dabei sehr von Nutzen.

Der Rauch, der beim Grillen entsteht, kann je nach Windrichtung sehr lästig sein. Wer damit häufig Probleme hat, kann sich mit einem **Garten**- oder **Grillkamin** behelfen. Diese Variante ist als Bausatz in Bau- und Heimwerkermärkten zu finden. Durch das Kaminstück wird der Rauch nach oben abgeführt. Der richtig gewählte Standort gewährleistet in der Regel, daß

die Nachbarn vom Rauch verschont bleiben.

Wer kennt sie nicht, die Holzofenbrote? Mit einem **Gartenbackhaus** oder Kamingrill mit Backeinsatz lassen sich je nach Größe zwei oder mehrere köstliche Holzofenbrote backen. Die Ofenteile sind als Bausatz über den Fachhandel erhältlich und können im Eigenbau aufgestellt werden. Dabei können Sie das Häuschen nach eigenen Vorstellungen und den gegebenen Baugewohnheiten selbst gestalten. Hierbei muß bedacht werden, daß es sich um ein feststehendes Gebäude handelt und somit gegebenenfalls genehmigungspflichtig sein kann. Die zuständige Baubehörde und der Kaminkehrer können über die derzeitige Handhabung in der jeweiligen Wohngegend informieren. Hierdurch sichert man sich gegen eventuelle Beschwerden von seiten der Nachbarn oder Behörden am besten ab.

Eine Reihe von Firmen bietet für Grill, Gartenkamin und Backhaus verschiedenste **Bausatzvarianten** an. Das Spektrum reicht vom einfachen Grilleinsatz, der schon für wenig Geld erhältlich ist, bis hin zum voll einsetzbaren Ofen, in dem man bis zu zwölf Holzofenbrote gleichzeitig backen kann.

Bei den Gartenkaminen sind verschiedene Variationen der Kaminhaube, vom zu verputzenden Fertigbauteil bis zur vorgefertigten Lösung aus Kupfer, möglich.

Im reichhaltigen **Zubehörangebot** werden u.a. elektrisch betriebene Drehspieße angeboten, die je nach Ausstattung mit Batterie betrieben oder an die Steckdose angeschlossen werden.

Bei den Backhäusern gibt es Modelle, bei denen sich die Schürkammer unter dem eigentlichen Backraum befindet. Der Backraum bleibt damit frei von eventuellen Holzascheresten beim Backen.

Auf ein von außen ablesbares Thermometer sollten Sie unbedingt Wert legen, damit die Brote die richtige Temperatur erhalten. Es gibt auch eine ganze Reihe von Firmen, die für Ihre Gartenkamine Backofeneinsätze zum Einbau in den Feuerraum anbietet. Auch Kombinationen von Grillkamin und Backofen sind möglich.

Grillbausatz

Gartenkaminbausatz

Brennstoffe

1

2

3

1 Der beim Gartengrill gebräuchlichste Brennstoff ist die **Holzkohle**, die als Holzkohlenbruchstücke oder in gepreßtem Zustand als Briketts angeboten wird. Die Holzkohle verbrennt weitgehend rußfrei und entwickelt nur wenig Rauch. Im durchgeglühten Zustand hält Holzkohle die Wärme und sorgt für eine gleichmäßige Bräunung des Grillguts. Die gepreßten Holzkohlebriketts brauchen wesentlich länger, bis sie durchglühen, entwickeln aber eine größere Hitze.

Sicherheitstip
Vor der Verwendung von Brennspiritus zum Anzünden kann nicht oft genug gewarnt werden. Er verflüchtigt sich leicht, wodurch sich meterhohe Stichflammen bilden können. Schwere Verbrennungen sind die Folge.

2 Für das Anzünden sind verschiedene fertige, lang brennende **Anzündeplättchen** erhältlich. Unter die Grillkohle gelegt sorgen sie für die Entstehung von Glutnestern, durch die die Kohlenfläche flächig durchglüht. Die Anzündeplättchen hinterlassen keine schädlichen Schadstoffe.

Neben der Feuerung mit Holzkohle gibt es auch Grillarten, die mit **Gas** befeuert werden. Die Hitze wird von einer Auflage aus Vulkangestein aufgenommen, dort gespeichert und von dort aus an das Grillgut abgegeben.

3 Für die Befeuerung des Backofens eignen sich zum Anheizen am besten **Bündelholz**, **Späne** und kleinere Abfälle aus Sägewerken. Zum Befeuern selbst können Sie **Weichhölzer** wie Fichte oder Kiefer, aber auch **Harthölzer** verwenden. Weichholz ist oft sehr harzhaltig und neigt beim Verbrennen zu Funkenbildung. Vorsicht mit brennbaren Materialien im Umfeld des Kamins oder Ofens.

Ökotip
Die Hölzer müssen unbedingt trocken, d.h. zwei Jahre an einem trockenen, luftigen Platz im Freien gelagert sein, da nasses Holz zu einer verstärkten Rauchbildung führt. Verheizen Sie keine lackierten oder lasierten Hölzer und Preßspanplatten, weil Lacke, Lasuren und der Kleber der Faserplatten beim Verbrennen giftige Stoffe entwickeln.

Grillzubehör

1 Holzkohle als Brennstoff für den Gartengrill braucht eine geraume Zeit, bis sie richtig durchgeglüht ist. Dann erst herrscht die notwendige Temperatur vor, die für die Dauer des Grillens erforderlich ist. Mit einem **Blasebalg** läßt sich die Glutentstehung beschleunigen. Vorsicht, durch den Luftzug entsteht verstärkte Funkenfluggefahr. Niemals von oben in die Glutnester blasen, sondern den Lufstrom schräg von vorne unter die Kohlen leiten. Falls Sie keinen Blasebalg zur Hand haben, können Sie sich auch mit einem **Fön** behelfen. Sie müssen jedoch auf alle Fälle für Luftzufuhr sorgen.

2 Für das Zurechtschieben noch nicht richtig angebrannter Kohle auf die Glutnester sind ein **Schürhaken** oder eine **Kohlezange** die richtigen Werkzeuge. Beim Kamingrill und vor allem beim Backofen, bei dem die heiße Asche beseitigt werden muß, ist ein Aschenschieber nötig. Damit können Sie die Asche aus dem Kamin oder dem Ofen in ein nicht brennbares Gefäß oder den Aschenkasten räumen. Ein Handbesen für die Beseitigung des Aschenstaubs nach dem Abkühlen sollte ebenfalls zum Inventar gehören.

3 Da Fleisch und Würstchen beim Grillen nicht angestochen werden sollten, damit der Saft nicht ausfließt, eignet sich eine Gabel zum Wenden des Grillguts nicht besonders gut. Mit einer **Bowlen-** oder **Gebäckzange** läßt sich dagegen das Grillgut mühelos wenden und vom Grill herunternehmen.

Grillschalen aus Aluminium, die den aus dem Grillgut austretenden Saft und abtropfendes Fett auffangen, verhindern das Verbrennen des Fettes in der Glut und damit eine lästige Flammenbildung, die leicht das Grillgut verkohlen kann.

Die Schalen sind am Boden gewellt. Durch die Schlitze am Wellenberg kann aber trotzdem die von der Glut abgehende Warmluft strömen. Damit bleibt dem Grillgut der typische Geschmack erhalten.

Ökotip

Grillkohlen- und reine Holzasche gehören nicht in die Mülltonne, sondern können bedenkenlos zum Kompost gegeben werden. Holzasche ist nämlich ein gutes Düngemittel, das Sie nicht achtlos wegwerfen sollten.

1

2

3

Die wichtigsten Werkzeuge

Auf diesen beiden Seiten finden Sie Kurzbeschreibungen der wichtigsten Werkzeuge, die Sie zum Bau von Gartenkaminen und Grillplätzen benötigen. Welche Werkzeuge Sie für die einzelnen Arbeitsanleitungen brauchen, können Sie den Symbolkästen entnehmen, die jeder Arbeitsanleitung vorangestellt sind.

Werkzeuge zum Messen und Ausrichten

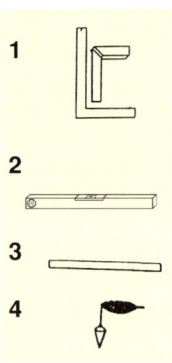

1 Winkel: Mit einem Winkel oder Dreieck kontrollieren Sie, ob die Porenbetonsteine zueinander oder zur Wand im rechten Winkel stehen.

2 Wasserwaage: Unerläßlich, um die Horizontale oder Vertikale festzulegen.

3 Richtscheit: Zum Ausgleichen von Bodenunebenheiten.

4 Senklot: Zum Bestimmen vertikal übereinanderliegender Punkte.

Werkzeuge für Erdarbeiten

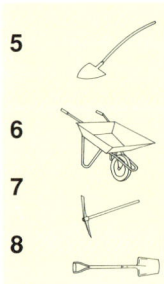

5 Schaufel: Zum Verteilen von Erdreich und Schüttgütern sowie zum Mischen von Beton und Mörtel.

6 Schubkarre: Ideal, um Zement, Sand, Erde etc. zu transportieren.

7 Spitzhacke: Zum Lockern von Erdreich.

8 Spaten: Zum Abstechen und Ausheben von Erdreich.

Verlegewerkzeuge

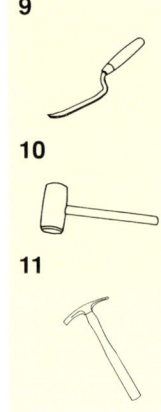

9 Fug(en)eisen: Zum Ausfugen in verschiedenen Breiten von 0,8 bis 1,5 cm. Es ist als Hohleisen und als Flacheisen im Gebrauch, je nachdem, ob voll oder hohl ausgefugt werden soll.

10 Gummihammer: Zum Festklopfen von Platten beim Verlegen.

11 Maurerhammer: Mit der vorderen Schneidefläche führen Sie feinere Arbeiten auf leicht zu bearbeitendem Stein durch. Hauptsächlich wird mit der hinteren senkrechten „Schlagbahn" gearbeitet.

Werkzeuge für die Metallbearbeitung

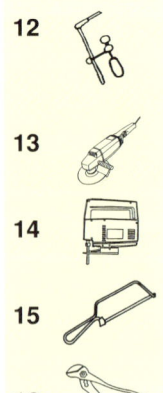

12 Schraubzwinge: Ein unerläßliches Werkzeug zum Einspannen geklebter und verleimter Werkstücke.

13 Winkelschleifer: Für den Trockenschnitt von Steinmaterial.

14 Stichsäge: Zum Ablängen von Latten, Rund- und Kanthölzern benutzen Sie die Stichsäge.

15 Bügelsäge: Zum Sägen von Metall .

16 Wasserpumpenzange: Mit ihr können Sie eine Vielzahl von Formen festhalten. Sie hat einen großen Einsatzbereich.

Werkzeuge zum Mauern und Verputzen

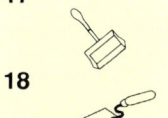

17 Plankelle: Sie verwenden Sie, wenn Sie das Mörtelbett für große Hohlblocksteine anlegen.

18 Dreieckige Kelle: Dient zum Auftragen von Mörtel.

19 Zahnspachtel: Sie eignet sich zum Auftragen von Dünnbettmörtel und von Klebern.

20 Malerspachtel: Wenn Sie kleine Mengen von Mörtel in Fugen verteilen wollen, benutzen Sie diesen Spachtel.

21 Reibbrett: Es wird benötigt, um Fließestrich beim Verlaufen zu unterstützen und zu glätten.

22 Glättekelle: Werkzeug zum Auftragen und Glätten von Putzmörtel.

23 Mörtel-Quirl: Dient zum Anrühren von Mörtel.

Werkzeuge zur Holzbearbeitung

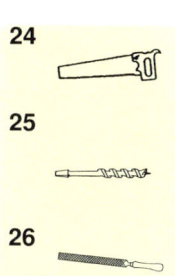

24 Fuchsschwanz: Gut geeignet für gerade Schnitte.

25 Holzbohrer: Benötigen Sie, um die Löcher für haltbare Schraubverbindungen beim Bau von Holzdecks vorzubereiten.

26 Holzraspel: Zur gröberen Holzbearbeitung und zum Brechen der Kanten bei Vierkanthölzern.

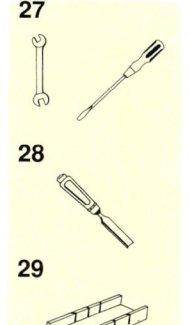

27 Schraubenschlüssel und Schraubenzieher: Zum Festziehen von Maschinenschrauben mit Sechskantkopf bzw. mit einfachem oder Kreuzschlitz.

28 Stemmeisen: Für das Ausstemmen von Kerben bei Holzverbindungen.

29 Gehrungslade: U-förmige Führung aus Holz oder Alu zum rechtwinkligen oder 45°-Sägen von Leisten und Profilen.

Hilfsmittel zu Ihrem Schutz

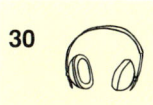

30 Gehörschutz: Schützen Sie Ihre Ohren vor übermäßigem Lärm.

31 Arbeitshandschuhe: Schützen Sie Ihre Hände vor scharfem Zementstaub und scharfkantigem Wegebaumaterial.

32 Schutzbrille und Atemschutzmaske: Verhindern, daß Steinstaub beim Sägen von Natursteinen oder Meißelsplitter in die Atmungsorgane und Augen eindringen.

Mauern mit Ziegeln

1

2

3

4

Vor jeder Maurerarbeit steht das **Anmischen von Mörtel**, dem Gemisch aus Zement, Kalk, Sand und Wasser. Falls Sie den Mörtel z.B. bei Verblendmauern wasserdicht haben möchten, geben Sie dem Wasser flüssiges Mörteldichtungsmittel bei.

1 Bei größeren Arbeiten sollten Sie eine Mischmaschine für den Mörtel benutzen, der nach 3-5 Minuten fertig durchgerührt ist.

2 Das Mauern beginnt mit dem Anlegen der **Ecken** oder **Wandenden**. Dort mauern Sie einige Schichten entsprechend der gewählten Verbandstruktur auf. Danach spannen Sie zwischen den beiden Mauerenden eine Schnur, damit die Steine in der richtigen Flucht liegen.

3 Auf die Oberfläche der Steine, die sogenannte **Lagerfuge**, bringen Sie eine Schicht Mörtel auf, die mit der Kelle in einer Dicke von ca. 1,2 cm verstrichen werden soll. Achten Sie dabei auf eine gleichmäßige Oberfläche.

4 Der jeweilige Arbeitsstein wird an der senkrechten Fuge, der sogenannten **Stoßfuge**, mit Mörtel

bestrichen und in das Mörtelbett der Lagerfuge gelegt. Mit der Kelle wird der Stein an der Schnur ausgerichtet und dann leicht angedrückt. Dadurch quillt etwas Mörtel aus den Fugen, der mit der Kelle abgenommen und auf der nächsten Lagerfuge verstrichen wird. Damit Sie herabfallenden Mörtel wieder verwenden können, legen Sie ein breites Brett auf den Boden vor Ihrem Arbeitsbereich. Überprüfen Sie mit der Wasserwaage immer wieder die richtige horizontale und vertikale Ausrichtung der Steine. Außerdem muß die Höhe der Mauer im Schichtverlauf gleich sein. Offene Hohlräume in den Fugen, die vor allem in der der Arbeitsseite gegenüberliegenden Fläche häufiger auftreten, müssen noch gefüllt werden.

Bei längeren Mauern sollten **Dehnungsfugen** eingebaut werden, damit sich keine Risse durch Bodenbewegungen bilden, die das Fundament nicht abfängt. Die Öffnungen bei Fenstern und Türen sind, nachdem Sie bis zur entsprechenden Höhe gemauert haben, mit einem der Belastung entsprechend bewehrten Sturz in der passenden Größe (Öffnungsbreite +10-15 cm links und rechts als Überstand) zu überbrücken.

Der Verband beim Sichtmauerwerk

Gegebenenfalls werden Sie den Grillplatz mit einem **Mauerwerk** umgeben wollen.

Bei Mauern aus Kalksandsteinen, die oft nicht verputzt werden, oder aus Klinkersteinen ist die Anordnung des einzelnen Steins im Verband für das optische Erscheinungsbild sehr wichtig. Verschiedene Anordnungen von Mauersteinen sind:

1. Kreuzverband,
2. Binderverband,
3. Wilder Verband,
4. Gotischer Verband,
5. Zick-Zack-Verband,
6. Holländischer Verband,
7. Blockverband,
8. Märkischer Verband,
9. Märkischer Verband
   im Zick-Zack.

1 2 3 4 5 6 7 8 9

Strukturieren von Putzoberflächen

1

2

3

Wenn Sie Wandflächen verputzen, können Sie die unterschiedlichsten Strukturen einsetzen:

1 Nach dem Auftragen der Oberputzschicht können Sie mit einem breiten Malerpinsel kreisförmige »Nester« in den Putz drehen.

2 Der mit der Kelle aufgetragene Putz wird mit einem Zahnspachtel abgezogen.

Profitip
Eigene Muster lassen sich einfach erzeugen, indem Sie einen Kunststoffspachtel selbst mit der Schere zurechtschneiden.

3 Eine nadelartige Oberfläche entsteht, wenn Sie die glatte Spachtelseite in verschiedene Richtungen eindrücken.

4 In den weichen Glattputz drücken Sie eine Spitze der Kelle.

5 Durch den Einsatz einer Hohlkelle bekommt der Putz eine gewölbte Oberfläche.

6 Im Handel sind verschiedene Schaumstoffrollen erhältlich.

Trennen von Stein, Beton und Fliesen

Ein für Trennarbeiten verschiedener Werkstoffe universell verwendbares Werkzeug ist der **Winkelschleifer**, den es in verschiedenen Größen gibt. Es stehen Trennscheiben für Stein, Beton und Metall sowie Universalscheiben zur Verfügung.

1 Beim Trennen von Naturstein, Fliesen oder Betonplatten mit dem Winkelschleifer ist eine gleichmäßige Auflage besonders wichtig, um Spannungen, die zu einem Bruch führen, zu vermeiden. Am besten drücken Sie den Werkstoff leicht in ein Sandbett, das die Spannungen abfedert.

Sicherheitstip
Vermeiden Sie ein Verkanten der Trennscheibe und benutzen Sie sie nicht als Schleifteller. Beides kann zum Bruch der Scheibe und zu schweren Verletzungen führen. Setzen Sie unbedingt eine Schleifbrille auf, um die Augen vor Splittern zu schützen.

Die Schnittlinie sollte durchgehend mit Bleistift oder Fettkreide aufgezeichnet werden. Ziehen Sie an der Strichaußenseite mit dem Win-

kelschleifer vorsichtig ohne Druck eine Rille als Führung in das Material. Dann führen Sie das Gerät mehrmals den Spalt entlang, bis der Werkstoff bricht. Dickere Betonplatten können auch von beiden Seiten angeschnitten werden. Zum Schluß schleifen Sie die letzten Unebenheiten ab.

2 Für Betonsteine können Sie sich einen **Steinspalter** ausleihen. Stellen Sie die Höhe richtig ein und legen Sie den Stein entlang dem unteren Spalt auf den Spalter. Durch den langen Hebel üben Sie einen gleichmäßigen Druck auf den Betonstein aus, der entlang der Markierungslinie bricht.

3 Saubere Schnittkanten erreichen Sie mit einer Steinsäge zum Schneiden von Naturstein. Dazu wird ein Wasseranschluß benötigt. Durch das Wässern wird der Steinstaub gebunden und das Sägeblatt gekühlt. Auf einem Schlitten führen Sie manuell oder mit einer Spindel den Stein der Säge zu.

Für Fliesen gibt es auch kleine **Fliesenschneidgeräte**, die ähnlich wie Glasschneider funktionieren. Die Oberfläche wird angeritzt und die Fliese gebrochen.

1

2

3

Unfallverhütung bei der Arbeit

Schutzbrille tragen!

Beim Einsatz eines Winkelschleifers zum Trennen von Eisen oder Baustahl, beim Reinigen von Stahlflächen mit Drahtbürsteneinsätzen in der Bohrmaschine oder im Winkelschleifer müssen unbedingt Augen und Hände geschützt werden. Dazu benötigen Sie sowohl eine Schleifbrille, die auch seitlich geschlossen sein soll, als auch Arbeitshandschuhe. Abgenommene Metallteile, aber auch Drähte, die sich aus den Bürsten ablösen, können zu erheblichen Verletzungen führen, die Sie leicht vermeiden können.

Schutzmaske tragen!

Bei längeren Schleifarbeiten von Metallen oder beim Abschleifen von alten Anstrichen sollte unbedingt eine Staubmaske getragen werden, da sich der feine Schleifstaub in den Nasenhärchen absetzt. Die Nase »verstopft« bis zu Atembeschwerden. Auch das Schleifen von Holz - tropischer Hölzer wegen des Anteils ätherischer Öle im besonderen - reizt die Atmungsorgane und trocknet sie aus. Sie sollten auf keinen Fall auf die Schutzmaske verzichten, um chronischen Atembeschwerden vorzubeugen.

Augenschutz beim Schweißen!

Beim Schweißen entsteht neben den hohen Temperaturen ein gleißendes Licht. Beim Autogenschweißen reicht das Tragen einer Schweißbrille aus. Beim Einsatz eines Elektro- oder eines Schutzgasschweißgerätes ist ein Schweißschirm erforderlich, da das dabei entstehende Licht neben einer äußerst schmerzhaften Schädigung der Augen (»Verblitzen«) zu einem Sonnenbrand auf dem Gesicht führen kann. Arbeitshandschuhe schützen Sie vor Funkenflug und heißen Teilen beim Berühren.

Funkenflug

Schutzmaske

Augenschutz

Unfallverhütung beim Grillen

Kinder weg vom Grill!

Eine Grillparty macht Spaß! Doch passen Sie auf, daß Kinder, vom Feuer angezogen, sich nicht in der Nähe des Grills aufhalten. Plötzlich hoch stiebende Funken, Flammen durch heruntertropfendes Fett und nicht zuletzt die heißen Eisenteile des Grills selbst können Kinder in die Gefahr von bösen Verbrennungen bringen.

Ein Sicherheitsabstand von mindestens zwei Metern sollte unbedingt eingehalten werden! Lassen Sie den Grill nie unbeaufsichtigt stehen und versuchen Sie den Kindern die Gefahr zu erklären.

Gefahrenquelle Spiritus!

Immer wieder passieren schreckliche Unfälle beim Anzünden der Grillkohle mit Spiritus. Spiritus verflüchtigt sich leicht und kann sich beim Anzünden, vor allem aber beim Nachschütten auf scheinbar nicht brennende Holzkohle, mit einer großen Stichflamme entzünden. Verwenden Sie stattdessen die in vielen Geschäften erhältlichen Grillkohlenanzünder, die lange brennen und die Kohlen ohne Risiko zum Glühen bringen! Bei einer so einfachen Alternative sollte man dem Risiko Spiritus aus dem Weg gehen.

Gefahrenquelle Fett!

Kein guter Koch würde nur mageres Fleisch auf den Rost legen, das nach dem Grillen zäh und trocken schmeckt. Ein bißchen Fett muß schon sein, damit das Fleisch saftig bleibt. Aber Vorsicht ist geboten! Auf die glühende Kohle tropfendes Fett führt zu einer Flammenbildung, die nicht nur das Grillgut schwarz werden läßt, sondern auch zu Verbrennungen führen kann. Aluminiumgrillschalen verhindern, daß das Fett in die Glut tropfen kann. Der Grillgeschmack bleibt erhalten, das Risiko wird vermindert.

Gefahr für Kinder   **Keinen Spiritus benutzen!**

Grillfett

Der Fundamentaufbau

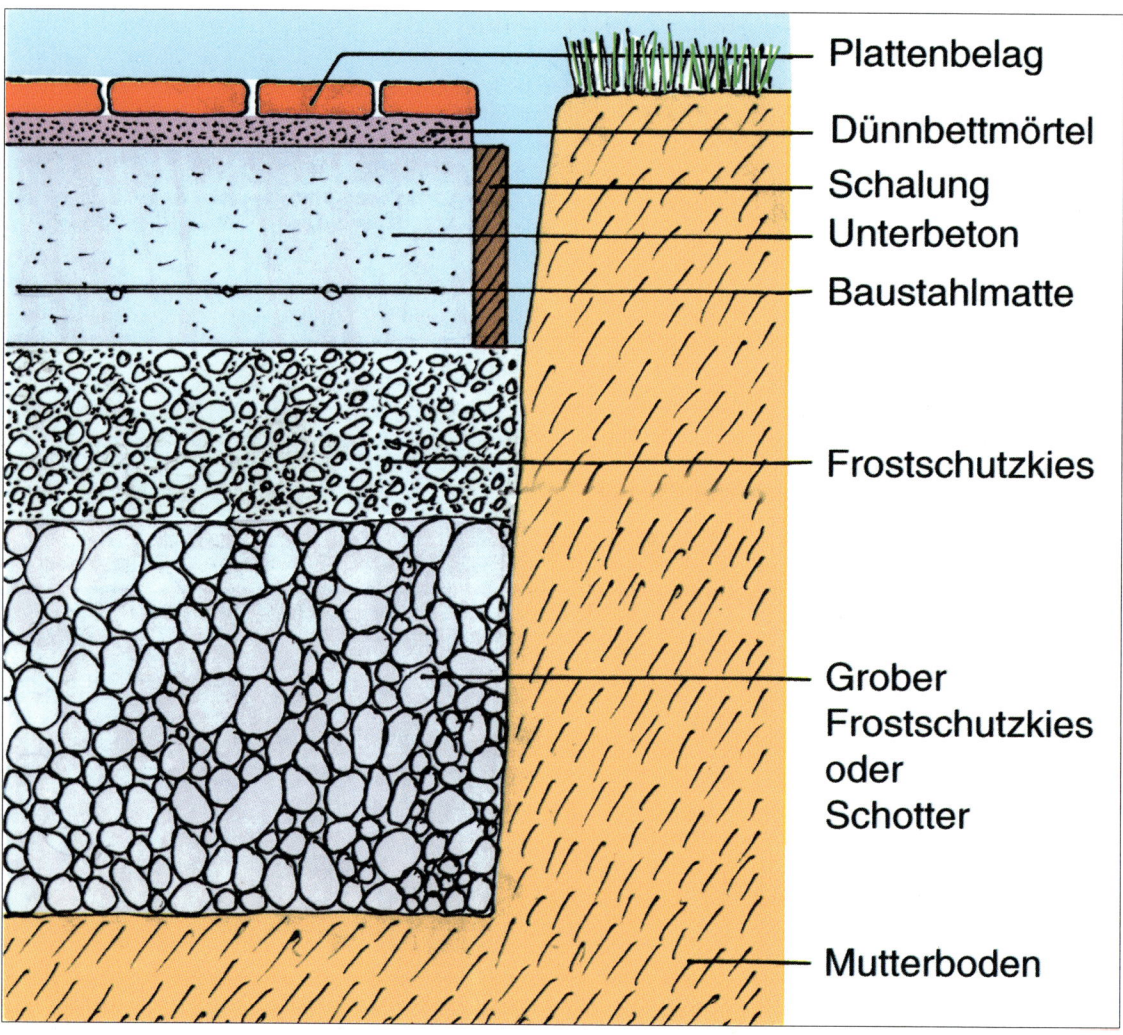

Plattenbelag

Dünnbettmörtel

Schalung

Unterbeton

Baustahlmatte

Frostschutzkies

Grober
Frostschutzkies
oder
Schotter

Mutterboden

Um sich von der geplanten **Größe** des Grillplatzes eine Vorstellung machen zu können, nehmen Sie einige Steine und markieren die Eckpunkte. Den Verlauf können Sie noch mit einer Sandspur verdeutlichen, um sich ein Bild machen zu können. Höhen können durch eingeschlagene Holzpfosten auf ihre Richtigkeit hin überprüft werden.

Dann folgt die genaue **Lage- und Höhenabsteckung** mit Schnureisen und Maurerschnur. Die Eisen werden mit dem Fäustel eingeschlagen. Dadurch werden die Eckpunkte exakt markiert. Bei unregelmäßiger Form des Grillplatzes müssen entsprechend mehr Schnureisen eingeschlagen werden. Der Abstand zwischen den Eisen sollte nicht mehr als 10 m

betragen, da die Schnur sonst durchhängt. Die Eisen werden anschließend mit der Maurerschnur verbunden.

1 - 2 Damit Sie die Schnur nachspannen können, verwenden Sie einen speziellen Knoten. Wer ganz sicher gehen will, einen genau rechten Winkel abgesteckt zu haben, kontrolliert mit dem Winkel nach, wenn die Schnüre gespannt sind. Bei rechtwinkligen, viereckigen Plätzen messen Sie die Diagonalen, die gleich lang sein müssen.

Bei der **Höhenfestlegung** müssen Sie vom höchsten Punkt des Untergrundes ausgehen, damit eine Ecke des Grillplatzes nicht unter dem Bodenniveau liegt. (Es läßt sich leichter aufschütten als abtragen, zumal Sie vom Fundament-

1

Zwei Schlaufen legen

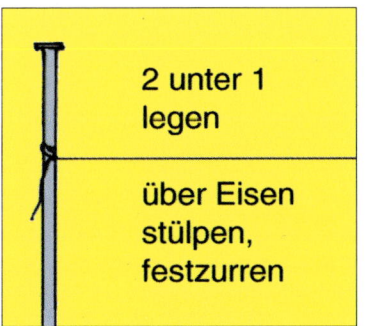

2 unter 1 legen

über Eisen stülpen, festzurren

2

Material
Schotter, Kies, Schalbretter, Beton, Baustahlmatten.

Werkzeug

Schwierigkeitsgrad

0	1	2	3

Kraftaufwand

0	1	2	3

Arbeitszeit
Sie benötigen bei Handarbeit pro qm ca. einen Tag.

Ersparnis
Sie benötigen pro qm ca. 250 €.

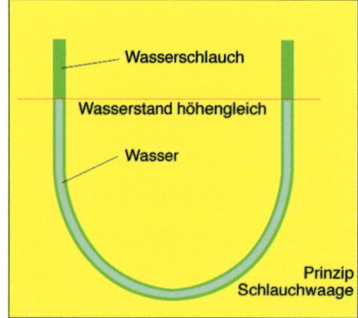

Wasserschlauch

Wasserstand höhengleich

Wasser

Prinzip
Schlauchwaage

3

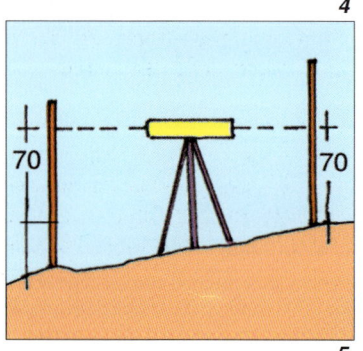

4

5

aushub her Auffüllmaterial zur Verfügung haben werden.) Vom markierten Nullpunkt der höchsten Ecke aus übertragen Sie die Höhe sorgfältig auf die anderen Schnureisen.

3 Am einfachsten geht dies mit einer **Schlauchwaage**. Ein durchsichtiger Schlauch wird nicht ganz mit Wasser gefüllt und an beiden Enden geschlossen. Die Höhe des Wasserstands am Anfang des Schlauchs entspricht genau der Höhe des Wasserstands am Ende, wenn Sie die Schlauchenden mit den Händen hochhalten. Ein Helfer hält das eine Ende des Schlauchs am Eisen der höchsten Ecke an, so daß der Wasserstand genau der 0-cm-Höhe entspricht. An jedem Schnureisen können Sie jetzt die 0-cm-Höhe antragen, indem Sie das andere Ende des Schlauchs anhalten und die Wasserstandsanzeige am Eisen genau markieren.

4 - 5 Leichter arbeiten Sie mit einem **Nivelliergerät**, das Sie ausleihen können. Angebracht wird es dort, wo Sie viele Schnureisen für eine komplizierte Lageabsteckung eingeschlagen haben, wo Sie um eine Hausecke herumarbeiten

oder Stufen einbauen. Wenn Sie das Gerät aufgebaut und mit Hilfe der eingebauten Wasserwaage gerade ausgerichtet haben, zeigt Ihnen das Fadenkreuz im Objektiv immer dieselbe Höhe, egal wohin Sie das Gerät schwenken. Diese 0-cm-Höhe des Geräts ändert sich mit jedem Versetzen. Haben Sie das Gerät aufgestellt und justiert, peilen Sie den höchsten Punkt an. Halten Sie einen Meterstab senkrecht mit 0 nach unten genau auf Ihre festgelegte 0-cm-Höhe. Peilen Sie nun jedes einzelne Schnureisen an. Eine zweite Person hält einen Meterstab dort an und führt ihn so lange auf und ab, bis Sie im Fadenkreuz denselben Wert haben wie schon zuvor beim Anpeilen des höchsten Punktes. An der 0-cm-Marke des Meterstabs markieren Sie wieder Ihre 0-cm-Höhe.

Profitip
Vermeiden Sie Kettenmaße, d.h. tragen Sie die entsprechenden Markierungen immer an den Eckpunkten und dann an den innen liegenden Eisen an. Wenn Sie von einem zum nächsten antragen, wirkt sich ein Meßfehler auf alle weiteren Meßpunkte aus.

Wenn Sie zum Regenwasserablauf ein **Gefälle** einplanen wollen, müssen Sie zwischen den Eckeisen in gleichmäßigen Abständen Hilfseisen einschlagen und die Nullinie antragen. Legen Sie den Höhenunterschied zwischen den äußeren Punkten fest und dividieren Sie ihn durch die Anzahl der Hilfseisen plus eins. Dieser Quotient muß nun vom Nullpunkt am ersten Hilfseisen abgetragen werden (Am zweiten Eisen der zweifache Quotient usw.).

Den gleichmäßigen Verlauf können Sie mit Richtlatte und Wasserwaage überprüfen. Das Gefälle zum ersten Eisen wird auf der Wasserwaage durch eine Markierung festgehalten. Dann legen Sie die Wasserwaage an den anderen Abschnitten entsprechend an und überprüfen den richtigen Verlauf des Gefälles.
Nachdem Sie die Lage gekennzeichnet haben, heben Sie das Fundament aus. Bei größeren Flächen lohnt sich der Einsatz eines Kleinbaggers, den Sie ausleihen können. Kleinere Flächen können Sie mit dem Spaten und der Schaufel ausheben. Gegebenenfalls müssen Sie feste Erdschichten mit dem Pickel vorher lockern.

Die Tiefe der Grube richtet sich nach der Frosttiefe. Normalerweise reicht eine Tiefe von 50 bis 80 cm aus. Dabei fällt relativ viel Aushubmaterial an. Falls Sie es nicht zum Aufschütten im eigenen Garten verwenden können, leihen Sie sich einen Container, den Sie sich anliefern und mit dem Erdmaterial wieder abholen lassen können. Einen Teil des Aushubmaterials, am besten von den oberen Schichten, sollten Sie zurückbehalten zum späteren Auffüllen zwischen der erstellten Bodenplatte und dem Mutterboden. Deponieren Sie ihn an geeigneter Stelle. Der Gartenboden sollte beim Einsatz von Bagger und Lastwagen nicht naß und weich sein, da sich sonst tiefe Fahrrinnen eindrücken, der Boden verdichtet wird und die Messungen der Grubentiefe relativ ungenau werden.

Wenn Sie die Grube ausgehoben haben, ebnen Sie den Grund der Grube ein und stampfen ihn mit dem Handstampfer oder einer Rüttelplatte fest. Anschließend füllen Sie groben **frostfreien Kies** ein. Er ist frei von tonigen Substanzen und nimmt kein Wasser mehr auf. Sie können auch billigeren Schotter oder Grubenkies verwen-

den, die aber nicht absolut frostsicher sind. Zwischendurch müssen Sie immer wieder verdichten, um einer eventuellen späteren Senkung vorzubeugen.

Diese Packlage wird mit einer Schicht von ca. 15-20 cm feinerem **Frostschutzkies** abgeschlossen. Die Kiesfläche wird mit einem Rechen oder der Schaufel abgezogen und verdichtet. Mit einer Richtlatte und der Wasserwaage prüfen Sie, ob die Fläche genau waagerecht ist. Dadurch wird sichergestellt, daß die Betonschicht an allen Stellen gleichmäßig stark wird.

Auf dem Kiesbett richten Sie Ihre Schalung ein. Falls Lücken zwischen Schalbrett und Kies auftreten, muß Kies nachgefüllt werden, da sonst der Beton ausläuft. Die Schalung ist so hoch wie die beabsichtigte Betonoberkante.

Berechnen Sie nun die notwendige Menge an Beton. Hierzu müssen Sie die **Fläche berechnen**, die dann mit der Dicke multipliziert wird. Bei rechteckigen Flächen werden Länge und Breite (angegeben in Metern) miteinander multipliziert.

Profitip

Frischer Beton darf keinen Frost bekommen. Deshalb: Nur Betonieren, wenn keine Frostgefahr besteht! Bei Temperaturen um 0° C bieten Plastikplanen Schutz.

Die Kreisfläche errechnen Sie, indem Sie die Hälfte des Durchmessers mit der Kreiszahl (3,14) multiplizieren. Problematischer sind unregelmäßige Flächen zu berechnen. Auf Millimeterpapier zeichnen Sie die Fläche im Maßstab 1:100 (1 cm auf dem Papier entspricht einem Meter in der Wirklichkeit). Zählen Sie die Zentimeterkästchen. Das Ergebnis entspricht der Zahl der Quadratmeter. Zur Berechnung des Volumens in Kubikmetern müssen Sie die jeweils errechnete Fläche mit der Dicke der Betonschicht (in Metern) multiplizieren. Die Betondicke beträgt je nach Belastung 10-15 cm.

6 Nachdem Sie die Schalung zu einem Drittel mit Beton gefüllt haben, legen Sie zur Bewehrung eine **Baustahlmatte** ein.

7 Ab einer Menge von drei Kubikmetern empfiehlt es sich, den Beton fertig anliefern zu lassen. Er muß dann innerhalb von zwei Stunden verarbeitet werden. Sie sollten auf jeden Fall Helfer haben, die mit zur Hand gehen, bevor der Beton »anzieht«. Falls Sie den Beton mit dem Schubkarren transportieren müssen, sollten ebenfalls Helfer zum Einsatz bereitstehen.

8 Beton muß verdichtet werden, um die Stabilität zu gewährleisten. Kleinere Flächen können per Hand mit Stangen gestampft werden, oder Sie treten mit Gummistiefeln den Beton dicht. Bei größeren Flächen kann ein **Rüttelgerät** eingesetzt werden, das in den Beton gesteckt wird und ihn verdichtet.

Zum Einebnen des Betons wird ein **Schiebebrett** verwendet, das Sie sich auch aus Bretter- und Lattenresten selbst zusammennageln können. Nachdem die Schalung weitgehend gefüllt und der Beton verdichtet ist, wird die Fläche mit einem Brett, das links und rechts über die Schalung hinaussteht, gleichmäßig abgezogen. Für diesen Arbeitsschritt sollten Sie je nach Fläche zumindest zu zweit sein.

Die Schalung wird normalerweise aus Holzbrettern hergestellt. Bei Sichtbeton werden auch gelackte Hartfaserplatten oder Kartonagen verwendet. Wenn Sie Betonplatten herstellen, werden die Seiten mit Brettern geschlossen.
Schlagen Sie im Abstand von ein bis zwei Metern Holzpflöcke ein, die Sie mit dem innenliegenden Brett vernageln.

So erhalten Sie eine Konstruktion, die dem Druck der Betonmasse standhält. Die Schalung sollte durchgehend geschlossen sein, um zu verhindern, daß die Betonmasse ausläuft. Die Oberkante der Schalung entspricht in der Regel der späteren Betonoberkante.
Mit einem geraden Brett, auf das Sie die Wasserwaage legen, überprüfen Sie, ob die Schalung an allen Seiten gleich hoch ist.

9 - 10 Falls Sie eine **Wand** betonieren wollen, werden zwischen den Schalbrettern in regelmäßigen Abständen Kunststoffspreizen eingesetzt, die für eine gleichmäßige Mauerdicke sorgen. Nach außen werden sie durch einen Spanndraht mit den Stützpflöcken verbunden. Mit schrägen Spreizen sorgen Sie zusätzlich für Stabilität der Schalbretter.

Für einen **Pfeiler** müssen Sie die Schalbretter passend zusägen. Im Abstand von 50 cm sollten sogenannte Brettzangen angebracht werden, damit die Schalung unter dem Druck des Betons nicht auseinanderfällt. Schalbretter sollten vor dem Betonieren mit Schalungsöl bestrichen werden, damit sie sich später besser vom Beton

ablösen. Beton hält sehr großen Druckbelastungen stand. Die mangelnde Zugfestigkeit wird durch die Bewehrung mit Baustahl besonders gut ausgeglichen (Stahlbeton).

Für Fundamente und Decken werden miteinander verbundene Stahldrähte, Baustahlmatten genannt, verwendet. Diese Matten werden so geschnitten, daß sie an allen Seiten noch ganz von Beton umschlossen werden (Rostbildung!). Ist eine Matte nicht groß genug, werden mehrere so gelegt, daß sie sich jeweils um 2 Felder überlappen.

Als **Untergrund** für Fliesen, Klinker oder Waschbetonplatten tragen Sie eine 2 cm-Schicht **Dünnbettmörtel** auf. Die Platten können einen oder zwei Zentimeter höher liegen als das umliegende Bodenniveau, damit eine trotz sorgfältiger Verdichtung mögliche Senkung ausgeglichen wird. Ansonsten gleichen Sie den Unterschied mit etwas Humus aus.

Zum Schluß füllen Sie den Freiraum zwischen der Beton-Belagschicht und dem Gelände wieder auf.

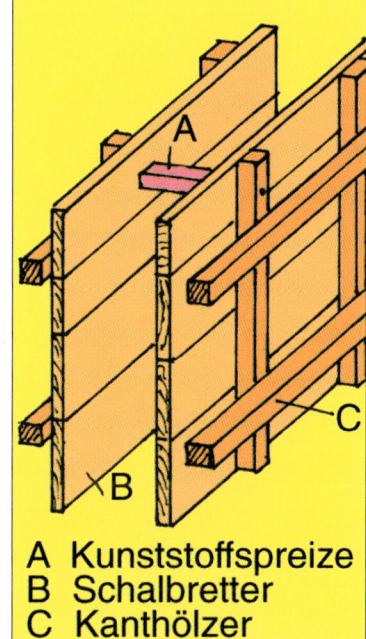

A Kunststoffspreize
B Schalbretter
C Kanthölzer

9

10

Ein Grillplatz, der zum Sitzen einlädt

Meist sitzt man beim Grillen auf der Terrasse oder an Tischen im Garten. Gemütlicher ist es aber sicher, direkt um den Grill an einem Grilltisch zu sitzen, zuzusehen, wie sich das Fleisch langsam bräunt und vor allem den Grillgeruch zu genießen. Ein Grillbuffet, das neben dem Grillplatz auch Ablageflächen und Sitzplätze bietet, bereichert jeden Garten mit einem geselligen Mittelpunkt. Das Material, das überwiegend aus Holz und aus rustikalen Fliesen besteht, bietet eine angenehme Atmosphäre und ist leicht zu reinigen.

Der Grilltisch und die Bankkonsolen sind aus großformatigen Kalksandsteinen aufgemauert und fügen sich gut in das Bild ein. Der Grillkorb kann wie bei skandinavischen Modellen senkrecht gestellt werden, wodurch ein Herabtropfen des Fleischfettes verhindert wird.

(Eine vermaßte Skizze des Aufbaus finden Sie auf Seite 53.)

Im gezeigten Beispiel wird die **Grundplatte** mit Bodenfliesen im Format 25 x 25 cm belegt. Wenn Sie das Format vor dem Betonieren festlegen, läßt sich ein unnötiges Schneiden der Fliesen vermeiden. Die Fugenbreite wird mit 3 mm festgelegt. Die Betongrundplatte soll kantenbündig mit den Fliesen abschließen. Bei zwölf Fliesen in der Breite und 16 in der Länge ergibt sich ein Grundplattenmaß von 4,045 m x 3,035 m.

Damit der Grillplatz auch den Winter gut übersteht, ist eine frostsichere **Gründung** notwendig. Normalerweise ist es ausreichend, wenn eine 50 cm tiefe Grube ausgehoben wird, die ca. 10 cm länger und breiter ist, als die Betonfläche sein soll, damit die Schalung noch angebracht werden kann. In extremen Frostlagen muß bis zu 80 cm tief gegraben werden. Falls Sie unsicher sind, welche Tiefe notwendig ist, erkundigen Sie sich am besten bei einem ortsansässigen Bauunternehmen nach den üblichen Erfahrungswerten.

In die Grube wird dann als frostbrechende, sich nicht setzende Lage eine dicke Schicht aus Schotter oder Feldgestein geschüttet. Anschließend legt man eine Kieslage von 8 - 10 cm Dicke darüber. Zwischendurch sollte der Unterbau immer wieder verdichtet werden, damit er sich später nicht

Material
Fundament: Schotter, Kies, Fertigbeton, Fliesen, Fugenmaterial. Grill: Kalksandstein, Zement, Kalkzement, Fliesenklebemörtel, Gehwegplatter, Hartholz, Regalwinkel, Winkeleisen, Grillkasten mit Rost, Holzschrauben, S 10-Dübel, Automatic-Stahldübel, Holzprimer.

Werkzeug
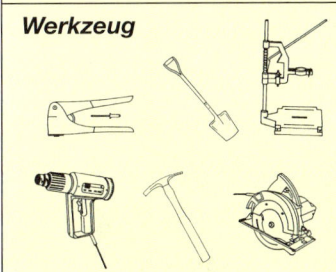

Schwierigkeitsgrad

0	1	2	3

Kraftaufwand

0	1	2	3

Arbeitszeit
Sie sollten etwa 8 Tage einplanen.

Ersparnis
Da es im Handel kaum etwas Vergleichbares gibt, hier nur die Materialkosten: etwa 400 €.

teilweise absenkt. Über der Frostschutzlage muß noch 15 - 17 cm Platz bis zur Rasenoberkante bleiben. Diesen Platz nehmen dann das Betonbett, die Mörtelschicht und die Fliesen ein.

Den Maßen der Plattform entsprechend wird nun auf dem Kiesbett, das eine einigermaßen gerade Oberfläche haben sollte, eine 15 cm hohe **Schalung** im Geviert aufgebaut. Nachdem Sie die Schalung mit der Wasserwaage genau ausgerichtet haben, wird der Beton eingefüllt. Nach einem guten Drittel kann noch eine **Baustahlmatte** zur Erhöhung der Stabilität eingelegt werden.

Profitip

Wenn Sie sich nicht zutrauen, eine gerade Mauer aufzubauen, die später zum Verfliesen geeignet ist, bauen Sie sich einen Anschlag: Besorgen Sie sich zwei Spanplattenteile, die mindestens so hoch sind wie die acht Steinreihen. Nageln Sie die beiden Platten zu einem Winkel zusammen und stellen Sie sie senkrecht an die Außenfläche der gedachten Wand. Damit haben Sie beim Mauern einen exakten Anschlag.

Mit einem Stampfer muß nun der **Beton** gut verdichtet werden. Wenn der Beton abgebunden hat, bespritzen Sie ihn mit Wasser und ziehen die Fläche mit einer ca. 2 cm dicken **Mörtelschicht** sauber ab.

Sie können die **Fliesen** nun direkt in die mit Zement gepuderte frische Mörtelfläche legen und vorsichtig mit einem Hammerstiel oder Gummihammer anklopfen, damit keine Lufthohlräume unter den Fliesen bleiben. Falls Sie glauben, die Fläche nicht auf einmal belegen zu können, lassen Sie das abgezogene Mörtelbett abbinden. Mit einer Kammkelle tragen Sie später eine dünne Schicht frostsicheren Fliesenklebemörtel auf, richten die Fliesen aus und drücken sie fest. Unter Umständen klopfen Sie die Fliesen noch leicht mit dem Hammerstiel an.

Auf der gefliesten und verfugten Plattform mauern Sie nun die einen Stein breiten und eineinhalb Stein langen **Bankkonsolen** im Steinwechsel drei Schichten hoch auf. Der **Grillrohbau** wird U-förmig aufgemauert. Für die Auflage der Betonplatte, als Ablage für die Grillutensilien, müssen in die vierte

Steinschicht drei Steine quer eingebunden werden. Insgesamt ist das U der Grilltheke acht Steinreihen hoch. Die Mörtelschicht zwischen den Steinen ist etwa einen Zentimeter dick.

Außenwände, Stirnseite und Oberkante des Grilltisches werden mit frostbeständigen, 15 x 15 cm großen **Fliesen** beklebt. Dazu wird ebenfalls eine dünne Schicht Fliesenkleber verwendet. Den Fugenabstand können Sie mit kleinen Holzleistenstreifen der entsprechenden Dicke oder mit Fugenkreuzen immer gleich breit ausrichten. Am oberen Abdeckrand des Grillbuffets und an den Stirnkanten müssen die Fliesen zugeschnitten werden. Zum Verfugen wird eine spezielle Fugendichtmasse verwendet.

Für den 10 cm hohen **Grillkasten** fertigen Sie am besten zuerst eine Schablone aus Pappe mit Bodenteil und den vier Seitenteilen an. Berücksichtigen Sie die Verbindungsstreifen zwischen den Seitenteilen! Dann zeichnen Sie die Abwicklung auf das Blech auf und schneiden sie mit der Handblechschere oder einer elektrischen Blechschere aus.

Ähnlich wie bei einem Schukarton werden die Seitenflächen und Verbindungslaschen abgekantet.

1 Kurze scharfkantige **Falze** bei Blechen können Sie sauber und einfach mit der Falzzange selbst erstellen. Falzzangen gibt es in unterschiedlichen Breiten und Bakkentiefen im Handel. Zeichnen Sie als erstes den Falzverlauf mit einer Reißnadel entlang eines Stahllineals auf das Blech. Dann legen Sie die Falzzange an den gezogenen Strich. Mit der einen Hand halten Sie das Blech fest, mit der anderen drücken Sie den schmalen Blechstreifen bis zum gewünschten Winkel nach oben.

2 Falls die Falzzange in der Breite nicht ausreicht, beginnen Sie links und rechts am Blech. Biegen Sie den Streifen etwas hoch und fahren, bis der richtige Winkel erreicht ist, mit der Zange weiter nach innen. Dies wiederholen Sie von beiden Seiten her. Für lange Teile benutzen Sie eine **Abkantbank**. Links und rechts wird eine Linie angezeichnet. Dann wird das Blech bis zur Markierung zwischen die Spannbacken der Maschine geschoben und fixiert. Mit dem Hebel wird das Blech abgekantet.

Bei vielen Maschinen kann man den Biegewinkel ablesen. Ab einer gewissen Stärke des Metalls (bei Stahl etwa ab 1,5 mm) werden hydraulische oder elektrische Geräte eingesetzt.

3 Mit einem **Schraubstock** können Sie sich ebenfalls behelfen. Der Blechstreifen wird eingespannt (Schutzbacken am Schraubstock schützen das Blech vor Abdrücken!). Dann wird das obere Streifenende mit einem Holz- oder Kunststoffhammer nahe der Knickkante gleichmäßig nach unten geklopft.

Profitip
Achten Sie darauf, den Falz nicht zu überbiegen! Blech läßt sich nur schwer wieder zurückbiegen. Jede Kante führt zu einer Versteifung, die deutlich sichtbar bleibt. Überprüfen Sie den Winkel mit einem Winkelmesser und biegen Sie ihn gegebenenfalls nochmals nach.

Eine saubere Verbindung der Seitenteile läßt sich durch Nieten herstellen. In Heimwerkermärkten werden komplette Blindnietsätze

1

2

3

4

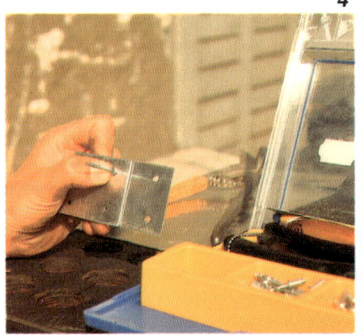

5

6

mit einem passenden Stahlbohrer, Blindnieten in verschiedenen Längen und Durchmessern aus Aluminium oder Stahl und der Blindnietzange mit verschiedenen Einsätzen zur Aufnahme der unterschiedlich dicken Blindnieten angeboten.

4 Zuerst werden die beiden Blechteile, die miteinander verbunden werden sollen, an den angezeichneten Stellen durchbohrt. Der Bohrer hat einen 2/10 mm größeren Durchmesser als die verwendeten Nieten.

5 Die Blindnieten werden von der Rückseite her durch die beiden Bleche geschoben. Der Stahlstift steht nach vorne. Die Niete sollte ca. 2-3 mm über die Bleche hinausstehen.

6 Der Stahlstift wird in die Nietzange eingeführt. Beim Zusammendrücken der Zange quetschen Sie die Niete zu einem Kopf zusammen, bis der Stahldorn bei genügendem Druck abbricht.

Die beiden Bleche sind fest miteinander verbunden. Falls Sie die notwendigen Werkzeuge nicht haben, können Sie sie auch von einem Schlosser abkanten und zusammenbauen lassen.

Der Kasten ruht auf drei 2 mm starken **Winkeleisen** mit einer Schenkellänge von ca. 30 mm. Die Winkeleisen müssen auf eine Länge von 40 cm zurechtgesägt werden. Sie werden in der Mitte der drittletzten Steinlage von oben gegen die Innenwand des Grilltisches gedübelt.

Da der Grillkasten auf den Winkeleisen aufliegt und sich diese bei längerem Grillen mit den Befestigungsschrauben erheblich erwärmen können, ist es ratsam, Stahldübel einzusetzen, die die Temperatur ohne Schaden aushalten. Die Winkeleisen werden mit je zwei Löchern mit 8 mm Durchmesser versehen. Körnen Sie die Löcher vor dem Bohren an, damit der Eisenbohrer nicht abrutscht.

7 Den Bohrungen in den Winkeleisen entsprechend zeichnen Sie dann die Dübellöcher auf der Innenwand des Grilltisches an. Die 8 mm Löcher werden 65 mm tief gebohrt. Bei einer Bohrmaschine mit Tiefenanschlag läßt sich das Maß leicht einstellen. Ansonsten können Sie auf dem Steinbohrer von der Spitze her das Maß mit einem Filzstift antragen.

8 Die Automatikdübel werden bis zum Gewindeansatz in die Bohrung eingeführt. Die Winkeleisen werden aufgesteckt und nach dem Auflegen der im Dübelset mitgelieferten Unterlegscheiben mit der Hutmutter festgeschraubt (13er Schraubenschlüssel). Ein kleiner Nylonring auf dem Dübelschaft verhindert das Mitdrehen des Dübels, bis er sich spreizt und verkrallt.

Profitip

Ein Bohrständer erleichtert das Bohren senkrechter Löcher in Stahl. Um eine Überhitzung zu vermeiden, sollten Sie die Bohrstelle mit einigen Tropfen Öl versehen, das beim Bohren verdampft und die Hitze vom Bohrer nimmt. Bohren Sie mit der auf der Bohrmaschine angegebenen Geschwindigkeit für Stahl.

Das Grillbuffet wird durch die **Sitzbänke** und die an drei Seiten des Grilltisches umlaufende **Ablage** zur gemütlichen Sitzgruppe. Die Bänke und Ablagen bestehen aus 4 x 10 cm starken Brettern aus Hartholz, die mit den 4 x 5 bzw. 4 x 6 cm starken Querhölzern zu massiven Rosten verschraubt wer-

den. Die Bretter haben einen Abstand von 1 cm zueinander. Ein Rost dieser Art ist, da Holz im Freien verstärkt arbeitet, besser als eine durchgehende Platte aus Massivholz, die leicht reißt oder sich verwirft.

9 Die 4 cm starken Bretter lassen sich gut mit einer Handkreissäge ablängen. Die Längs- und Querkanten werden mit Schleifpapier leicht gebrochen, da eine ungebrochene Kante leicht absplittert und den Lack nicht richtig annimmt. Wer eine größere Fase haben möchte, kann dies leicht mit einem Bandschleifer bewerkstelligen. Ein verstellbarer Längsanschlag, am stationär befestigten Bandschleifer angebracht, sorgt für eine exakt laufende Fasenkante über die ganze Länge.

10 - 11 Die **Querholme** werden an den Stirnseiten mit der Handkreissäge im Winkel von 60° abgeschrägt. Mit der in einen Bohrständer eingespannten Bohrmaschine werden die Befestigungslöcher für die Längsbretter gebohrt (Durchmesser = 6 mm!). Die Bohrungen sind links und rechts zur Brettmitte versetzt, damit sich das Holz beim Verschrauben nicht spaltet.

7

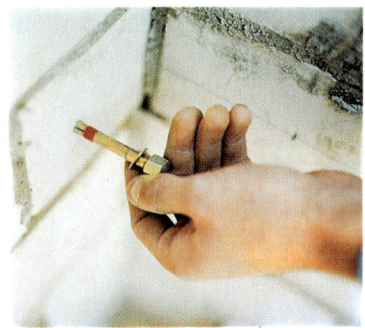

8

9

10

11

Mit einem Holzsenker werden an der Querholmunterseite die Bohrlöcher noch angesenkt, damit die Schraubenköpfe sauber im Holz sitzen.

Bevor Sie die Roste mit 6 mm starken und 70 mm langen Linsenkopfholzschrauben zusammenbauen, sollten Sie zumindest die Stellen, an denen die Hölzer aufeinanderliegen, grundieren. Besser ist es allerdings, alle Holzteile vor der Montage zu lackieren. Im Beispiel sind die Bank- und Tischroste mit einem **Acryllack** gestrichen, der geruchlos und wasserlöslich zu verarbeiten ist. Nach ca. 20 Minuten ist Acryllack staubtrocken. Der Lack kann in der Regel bereits nach drei Stunden wieder überstrichen werden.

Profitip
Vor dem Streichen mit Acryllack können Sie eine Holzprimersperrschicht gegen möglicherweise durchdringende Holzinhaltsstoffe und als Schutz vor Bläuepilzen auftragen.

Nach dem Streichen mit Acryllack lassen sich die Werkzeuge einfach mit Wasser reinigen. Angetrocknete Acrylfarbe läßt sich nur mit speziellen Pinselreinigern entfernen.

Zum Verschrauben der Holzteile sollten Sie einen zum Schraubenschlitz genau passenden **Schraubendreher** verwenden, damit ein Abrutschen der **Schraubendreherklinge** vermieden und die Holzoberfläche nicht verletzt wird. Außerdem beginnen angekratzte Schraubenköpfe sehr schnell zu rosten.

Die **Ablageflächen** am Grill werden mit sechs schwarz emaillierten stabilen Regalwinkeln, wie sie in jedem Baumarkt erhältlich sind, befestigt. Die Winkel werden so montiert, daß die Oberkante der Holzablageroste auf einer Höhe von ca. 70 cm ist. Zur Befestigung der Winkel müssen die Fliesen an den Seiten des Grilltisches mit einem 10 mm starken Steinbohrer durchbohrt werden.

Dabei darf die Bohrmaschine nicht auf Schlagbohren eingestellt sein. Erst beim Eindringen in den Kalksandstein kann umgeschaltet werden. Die Bohrungen sind ebenfalls 65 mm tief (Tiefenanschlag oder Markierung am Bohrer).

Die verwendeten **Nylondübel** werden genau bündig mit der Fliesenoberfläche eingebracht und die Winkel mit verzinkten oder vernickelten Linsenkopfschrauben (8 x 60 mm) angeschraubt.

Anschließend können die Roste an den waagerechten Winkelschenkeln mit 30 mm langen und 4 mm starken Linsenkopfholzschrauben befestigt werden. Die Bankroste werden mit seitlich durch die Querholme gezogenen Linsenkopfschrauben von 100 mm Länge an den Sockeln festgeschraubt, nachdem auch hier Dübel mit einem Durchmesser von 10 mm eingesetzt wurden.

Die Tisch- und Bankroste können Sie zum Schluß noch mit in vielen Motiven erhältlichen Abziehbildern verzieren. Die **Dekorbilder** werden nur 10 Sekunden in lauwarmes Wasser eingeweicht und lassen sich dann leicht vom Trägerpapier auf das Holz schieben. Mit einem Tuch kann die Folie blasenfrei angedrückt werden. Die meisten Dekorbilder sind wetterfest und bleichen bei Sonneneinstrahlung nicht aus. Zum Schutz vor längerer Feuchtigkeitseinwirkung können Sie die Dekorbilder noch

mit einem farblosen Acryllackfilm aus der Sprühdose überziehen.

Der Grillkasten kann auch senkrecht eingesetzt werden. Dadurch kann das Fett beim Grillen nicht auf die Kohlen tropfen, was sehr oft zu Flammenbildung führt und das Grillgut verbrennen läßt.

Die Spieße mit dem Grillgut können auf die Mauerkrone gelegt werden.

Die Hitze wird dadurch reguliert, daß das Grillgut abgerückt wird. Sie können Kohle nachlegen, ohne daß Sie den Grill extra abräumen müssen.

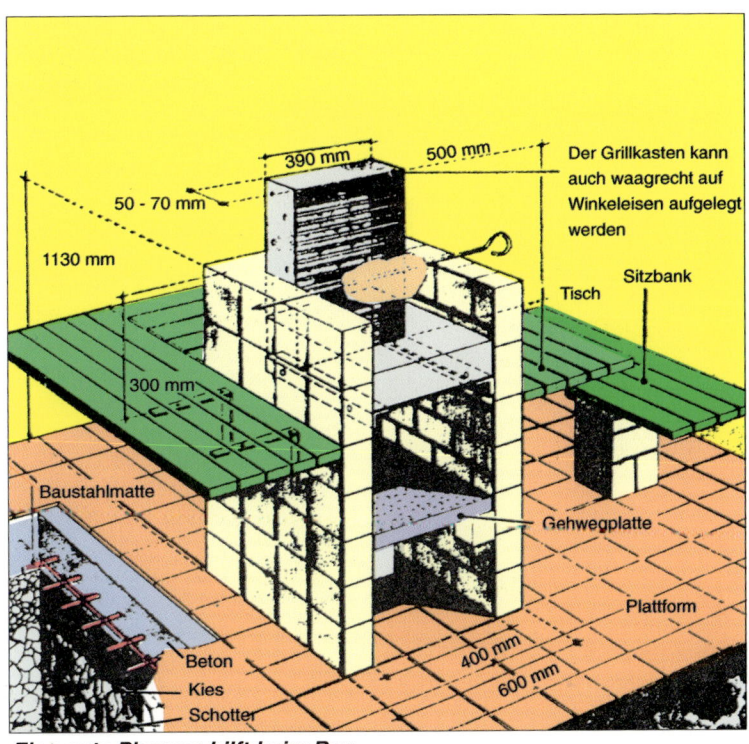

390 mm
500 mm
50 - 70 mm
1130 mm
300 mm
Der Grillkasten kann auch waagrecht auf Winkeleisen aufgelegt werden
Sitzbank
Tisch
Baustahlmatte
Gehwegplatte
Plattform
400 mm
600 mm
Beton
Kies
Schotter

Eine gute Planung hilft beim Bau

Ein Grilltisch für die große Runde

Der Grilltisch in diesem Beispiel besteht aus einer großen **Tischplatte**, um die man gesellig sitzen kann. Voraussetzung ist natürlich, daß der Tisch aus wind- und wetterfestem Material ist, damit er nicht ständig hin und her getragen werden muß.

Der kombinierte Grill- und Partytisch findet auf vier **Porenbetonsäulen** sicheren Halt. Sie haben im oberen Teil einen L-förmigen Querschnitt und bieten mit dem quadratischen Grundriß im unteren Teil und dem Grillkasten in der Tischmitte einen sicheren Halt.

Mit einem Pendelhub-Fuchsschwanz, aber auch mit einer Bügelsäge oder einem größeren Handfuchsschwanz lassen sich die **Porenbetonteile** leicht und präzise zuschneiden. Reißen Sie mit Hilfe eines Winkels vorher die Schnittkanten genau an, damit Sie möglichst genaue Schnittverläufe bekommen.

Für eine sichere **Klebeverbindung** zwischen den Steinen und dem Untergrund sorgt ein spezieller Kleber oder Porenbeton-Dünnbettmörtel, der mit einem Zahnspachtel aufgetragen wird.

Mit der gleichen Klebemasse können Sie auch die frostsicheren **Fliesen** auf die Außenflächen der Porenbetonsäulen kleben. Einen gleichmäßigen Fugenabstand erhält man mit Fugenkreuzen aus Kunststoff.

Vor dem Auftragen des **Fertigputzes** auf die Innenseiten der Säulen müssen die Flächen mit einem lösungsmittelfreien Tiefgrund sorgfältig grundiert werden. Der Fertigputz wird mit der Glättkelle von unten nach oben aufgezogen. Beim anschließenden **Abreiben** mit dem hölzernen Reibebrett erhält der Putz seine besondere Struktur. Sie können die Innenseiten natürlich auch verfliesen oder die ganze Säule verputzen.

Die **Tischplatte** besteht aus einer 25 mm dicken, mit Grundierfolie beschichteten Spanplatte oder einer wasserfesten Sperrholzplatte im Format 150 x 150 cm. Die Platte erhält mittig einen quadratischen Ausschnitt für die Aufnahme des Grillkastens. Zwischen Grillkasten und Holz sollte rundum ein Sicherheitsabstand von 15 mm eingerechnet werden, damit das heiße Blech nicht mit dem Holz in Verbindung kommt. Zuerst werden vier große Löcher in die Ecken des

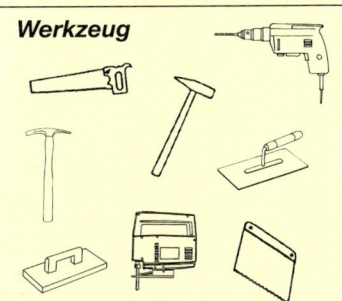

1

2

3

Quadrats gebohrt, so daß Sie mit dem Blatt der Stichsäge eintauchen können. Das vorgezeichnete Quadrat läßt sich dann mühelos mit der Stichsäge aussägen. Die Tischplatte wird nun auf der Unterseite mit einem weißen Acryllack gestrichen.

Nun kann die Platte mit den vier **Sockeln** verbunden werden. Zuerst werden pro Sockel jeweils zwei Löcher mit einem Durchmesser von 8 mm von oben in die Holzplatte gebohrt. Die Platte legen Sie gleichmäßig auf die Säulen. Wenn Sie die Bohrlöcher auf dem Porenbeton anzeichnen, erhalten Sie nachher deckungsgleiche Bohrungen. Die Porenbetonsteine werden mit 10-mm-Löchern versehen, in die spezielle 10 mm-Porenbetondübel eingeschlagen werden. Damit die Schrauben nicht beim Verfliesen der Tischfläche stören, müssen sie bündig in die Holzplatte versenkt werden. Die Schraubenköpfe müssen nicht verspachtelt werden, da der anschließend mit dem Zahnspachtel aufgezogene Kraftkleber die Vertiefungen auffüllt. Der Klebstoff ist wetterfest und wasserdicht und schützt bei sorgfältigem Auftragen das Holz vor Aufquellen.

1 Die mittelmaßigen **Mosaikfliesen** (Format 5 x 5 cm) lassen sich dadurch, daß sie auf Matten erhältlich sind, leicht und schnell verlegen. Die einzelnen Matten werden in das nasse Kleberbett gelegt. Zwischen den einzelnen Matten muß die gleiche Fugenbreite eingehalten werden wie auf den Matten, damit ein gleichmäßiges Bild entsteht. Das Format ist so gewählt, daß keine Schneidearbeiten anfallen.

2 Als äußerer **Kantenabschluß** dient ein Streifen aus Kunststoff oder Aluminium. Dieser wird mit Kraft- oder Kontaktkleber an die Kante geklebt. Die offenen Holzkanten beim Ausschnitt für den Grillkasten müssen mit Kraftkleber vor dem Eindringen von Wasser geschützt werden
.

3 Mit dem gleichen **Kraftkleber** werden die Fliesen auch verfugt. Mit einer weichen Gummirakel zieht man die Masse über die Fliesen, wobei sich die Fugen füllen. Der überschüssige Kraftkleber wird, bevor er abzubinden beginnt, mit Wasser abgewaschen. Nach dem Durchtrocknen erhält man dann eine wasserdichte Oberfläche.

Mobil mit dem Grillwagen

Wer kennt das Problem nicht: Sie sitzen gemütlich am Grill, plötzlich dreht sich der Wind und der Grillrauch weht zu den Partygästen.

Oder Sie haben den Grill weit genug weggestellt, aber Ihnen fehlen die Grillutensilien. Abhilfe schafft hier schnell eine reizvolle Variante,

der praktische, kombinierte Grill- und Kühlcontainer, der auf Rollen in die richtige Position gebracht werden kann. Außerdem hält er in

Alles griffbereit im Grillwagen

zahlreichen Fächern und Schubladen all die Kleinigkeiten bereit, die Sie zum Grillen benötigen.

Der Nachbau ist relativ einfach, da das Partymobil im wesentlichen aus Spanplatten besteht, obwohl in seinem Inneren ein richtiger Holzkohlengrill angebracht ist.

Ein Brandschutzeinsatz sorgt dafür, daß der Wagen nicht in Flammen aufgeht. Er besteht aus je einer Lage Brandschutz- und Dämmstoffplatten, die Spanplatten und Grill trennen.

Die Funktion dieser Isolierschicht wird umgekehrt, wenn aus dem Grill eine Kühlbar wird. Dazu ersetzt man den Grilleinsatz durch eine hohe, geräumige Plastikwanne, die mit Wasser und Eiswürfeln gefüllt ist, um Flaschen kühlen zu können. Ein Deckel, aus dem nur die Flaschenhälse herausragen, sorgt dafür, daß die Kälte nicht zu schnell verlorengeht.
So haben Sie Ihren Kühlschrank im Garten.

Für den Bau des Partymobils sollten Sie am besten eine 16 mm dicke grundierfolienbeschichtete Spanplatte verwenden.

Die Einzelteile werden mit einer **Handkreissäge**, die über ein feinzahniges, hartmetallbestücktes Sägeblatt verfügt, zugeschnitten. Hierzu wird die Handkreissäge am besten in einen Sägetisch eingespannt, der durch eine großflächige Auflage und einen korrekten Anschlag sehr präzise Schnitte, wie sie für den Bau dieses Möbels unerläßlich sind, ermöglicht.

Profitip
Falls Sie keinen Sägetisch besitzen, ist es einfacher, sich die Platten in der Schreinerei oder im Baumarkt zuschneiden zu lassen. Die Mehrkosten sind gering.

1 Bei den **Ausschnitten** für die **Schubkästen**, die Regalfächer und den Grilleinsatz kommt eine **Pendelhub-Stichsäge** zum Einsatz. Wenn Sie in alle vier Ecken der auszuschneidenden Flächen 8-mm-Löcher bohren, erleichtern Sie sich erheblich das exakt rechtwinklige Ausschneiden.
Dies gilt bei Ausschnitten, die innerhalb einer geschlossenen Fläche liegen. Bei einseitig offenen Ausschnitten sind nur zwei Hilfsbohrungen zu setzen.

Material
Grundierfolienbeschichtete Spanplatte, Holzleisten, Buchenrundholz, Brandschutzplatten, Stahlbleche, Klavierband, Bügelgriffe, Möbelrollen, Alu-Profile, Stahlrohrabschnitte, Mosaikfliesen, Fliesenkleber, Spanplattenschrauben, Holzleim.

Werkzeug

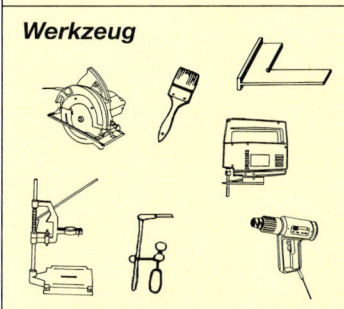

Schwierigkeitsgrad

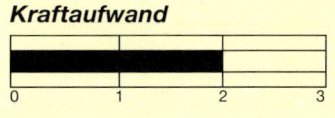

| 0 | 1 | 2 | 3 |

Kraftaufwand

| 0 | 1 | 2 | 3 |

Arbeitszeit
Sie benötigen etwa 3 Tage.

Ersparnis
Sie sparen je nach Ausführung rund 125 €.

1

2

3

In die aus Massivholz bestehenden **Gläserhalter** werden entsprechende Löcher geschnitten. Dazu wird eine in einen **Bohrständer** eingespannte **Bohrmaschine** mit einer Lochsäge richtigen Durchmessers bestückt. Das Werkstück ist dabei sehr gut festzuhalten, denn an der Lochsäge entsteht ein ungewohnt hohes Drehmoment.

Wenn Sie einen Maschinenschraubstock besitzen, der auf dem Bohrständertisch befestigt werden kann, spannen Sie das Holz am besten darin ein.

Für die beiden **Griffstangen** aus Buchenholz werden in den zwei seitlichen Längsholmen des Grillwagens bis auf zwei Drittel ihrer Materialdicke Sacklöcher gebohrt. Der Korpus wird unter Leimzugabe mit Spanplattenschrauben zusammengebaut. Für gleichmäßig versenkte Schraubenköpfe sorgt ein leistungsstarker Akku-Schrauber mit vorwählbarer Drehmomentbegrenzung.

2 Um die Hitze des Grillkastens vom Spanplattenkorpus fernzuhalten, erhält dieser einen Einsatz aus **Brandschutzplatten**, die jeweils mit 6 cm Abstand zu den Längs-

kanten, auf halber Höhe geschlitzt werden und sich so zu einem rechteckigen Einsatz zusammenstecken lassen, der in den Spanplattenkorpus paßt.

3 Zur Abschirmung der Strahlungshitze dienen zusätzlich **Mineralfaser-Dämmstoffplatten**, die Sie mit einem speziellen Messer zuschneiden. Mit ihnen werden anschließend die Hohlräume zwischen dem Spanplattenkorpus und dem Brandschutzplatten-Einsatz lückenlos ausgefüllt. Auch der Boden wird mit einem Dämmplatten-Zuschnitt belegt, den Sie mit einer paßgenauen Brandschutzplatte abdecken.

Nachdem der Brandschutzeinsatz fertig ist, geht es an die Herstellung der Tischplatte. Die Längsholme besitzen bereits die Sackbohrungen für die Griffstangen. Zunächst werden die beiden Längsholme mit Holzleim so gegen die Seitenkanten des Tischplattenzuschnitts geleimt, daß ihr oberer Überstand der Fliesendicke plus 1 Millimeter Kleberbett und weiteren 2 Millimetern Randüberstand entspricht. Die beiden Griffstangen werden montiert und ebenfalls verleimt.

Während des Leimabbindens werden Längsholme und Platte mit Schraubzwingen verspannt.

Anschließend wird die vorbereitete Tischplatte auf dem Korpus befestigt. Dabei sind die Schrauben ebenfalls bündig zu versenken, um eine glatte Fläche für das spätere Fliesen zu erzielen.

Als nächstes wird die überstehende Kante des Brandschutzkastens mit einem **Aluminiumprofil** versehen. Dann kann die Platte gefliest werden. Vor dem Auftragen des wetterbeständigen **Kraftklebers** auf Epoxidharzbasis kleben Sie sowohl die Randleisten als auch das Alu-Profil mit Kreppband ab. Dann wird der Zweikomponentenkleber mit einer Zahnspachtel gleichmäßig dünn aufgezogen. In das frische Kleberbett legen Sie nun die vorher eingepaßten Fliesenmatten und drücken sie an. Zum Verfugen dient ebenfalls der weiße Kraftkleber. Er wird nach dem Abbinden des Fliesenklebers mit einem breiten Gummispachtel möglichst gleichmäßig in die Fugen gerakelt.

Beachten Sie, daß das Fugenmaterial, bevor es abbindet, rückstandslos entfernt wird, da eine spätere Reinigung gar nicht mehr oder nur mühsam möglich ist.

Nun ist der Grundaufbau des Grillwagens fertig. Als nächstes stellen Sie den Grillwagen auf den Kopf und schrauben vier Möbelrollen, von denen mindestens zwei beweglich sein sollen, ca. 10 cm von den Ecken entfernt auf den Boden. Sein attraktives farbiges Gewand erhält unser Partymobil schließlich mit einem **Lacksystem**, das praktisch jeden beliebigen Mischton bietet. Zum Schluß wird der **Grillkasten** aus geglühtem Stahlblech zugeschnitten, gebogen und an den Ecken durch Blindnieten verbunden. Er erhält seitlich Lüftungsbohrungen und am oberen Rand je zwei sich gegenüberliegende 8-mm-Bohrungen zum Durchstecken der beiden Röhrchen, mit denen der Kasten auf dem zuvor erwähnten Alu-Profil aufliegt. Der Grillkasten ist so zu bemessen, daß ringsum zwischen Alu-Rahmen und Kasten ein 2 cm breiter Spalt verbleibt, der die notwendige Luftzufuhr gewährleistet und gleichzeitig als zusätzlicher Hitzeschutz dient.

Einsatz aus Edelstahl

Ein vielseitiger Kamingrill

Material
Grundausstattung Kamingrill (siehe dazu S. 64).

Werkzeug

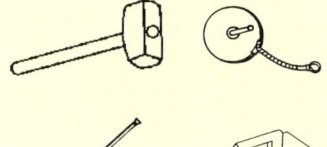

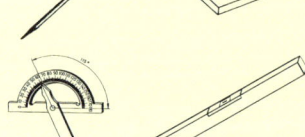

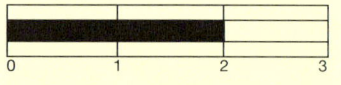

Schwierigkeitsgrad

0	1	2	3

Kraftaufwand

0	1	2	3

Arbeitszeit
Je nach Ausstattung zwischen 4 und 10 Stunden.

Ersparnis
Sie sparen mindestens 350 €.

Für den Aufbau des Kamingrills benötigen Sie ein frostsicheres, waagerecht gerichtetes **Fundament** mit einer geglätteten Betonplatte. Die Plattengröße richtet sich nach der von Ihnen festgelegten Sockelgröße. Der Sockel ist nicht im Grundbausatz enthalten. Die montierten Fertigteile sind in unserem Beispiel 86 cm breit, 45 cm tief und 90 cm hoch.

1- 2 Nach Fertigstellung des Fundaments mauern Sie den Sockel auf. Gut eignen sich dafür Porenbetonsteine. Im abgebildeten Gestaltungsbeispiel ist die Abdeckung des Sockels mit Klinkersteinen ausgeführt. Die Höhe des Sockels sollte mindestens 30 cm, wenn Sie den Kamin auch als Grill benutzen, ca. 50 cm betragen. Die **Brennstelle** selbst wird mit einem feuerfesten Material belegt. Für die **Aschenlade**, die in ihrer Tiefe von 30-54 cm verstellbar ist, wird in der Mitte vom Sockel eine 15 cm hohe und 30 cm breite Aussparung gelassen. Diese Öffnung muß aus den Porenbetonsteinen vor dem Verkleben ausgesägt werden. Die Tiefe richtet sich nach dem von Ihnen gewählten Sockelvorsprung. Alle Teile müssen exakt waagerecht gebaut werden, damit der Feuerraum richtig aufgerichtet werden kann.

3 Die **Rückwand** des Feuerraums und die beiden **Seitenteile** werden auf eine ca. 2 cm starke Schicht aus Kalkzementmörtel auf den Sockel gesetzt. Sie beginnen mit der Rückwand. In die vorgesehenen Nuten werden die beiden Seitenteile passend eingeschoben. Sie werden nicht fest mit der Rückwand verbunden.

4 Zwischen dem Feuerraumkasten und dem Verblendwerk aus Porenbetonsteinen oder Klinkern muß eine **Dehnungsfuge** sein, um Beschädigungen der Verblendung oder der Kaminteile durch unterschiedliche Hitzeausdehnung zu verhindern. Daher wird vor dem Anbringen des Verblendwerks um den Feuerraumkasten eine 1 cm starke Mineralfaserplatte gelegt.

Profitip
Achten Sie auf einen exakten senkrechten Aufbau. Das Maß der Feuerraumöffnung von 70 cm muß genau eingehalten werden, da sonst der Grillrost und die Zubehörsätze nicht in die Öffnung passen.

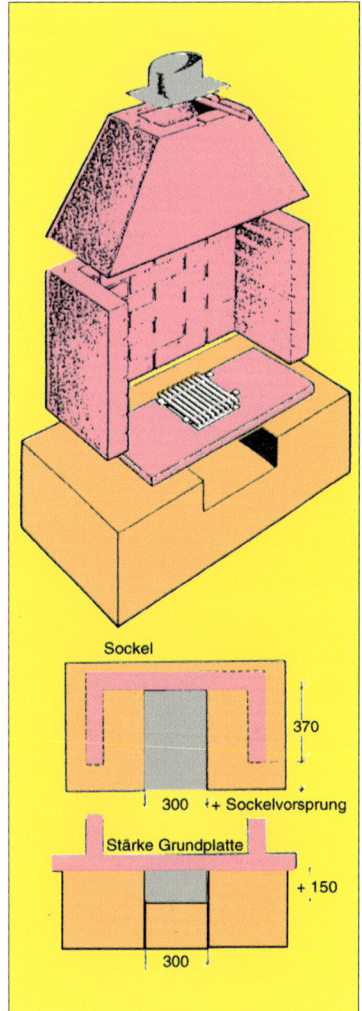

Sockel

370

300 + Sockelvorsprung

Stärke Grundplatte

+ 150

300

1-2

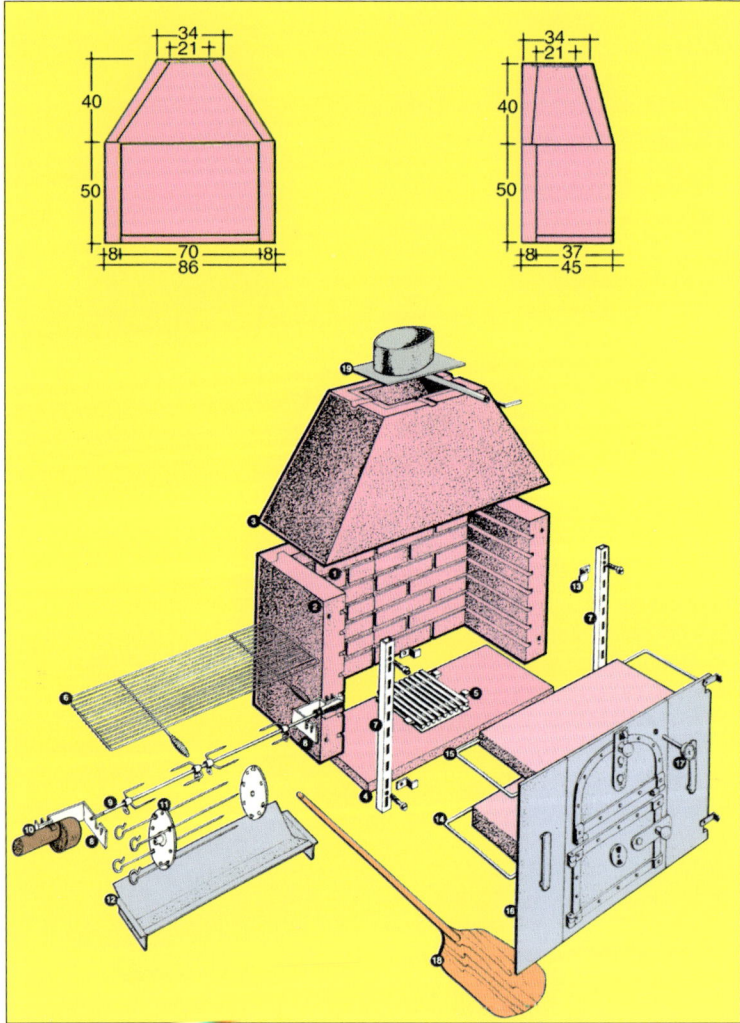

Die Grundausstattung des Kamingrills besteht aus:

1   Feuerraum Rückwand
2   Feuerraum Seitenwand
3   Rauchabzughutte
4   Feuerbock
5   Gußrost

Empfehlenswert ist es, folgendes Zubehör gleich mitzubestellen:
6   Grillrost verchromt
19 Rauchabzugklappe

Ergänzend können Sie den Kamingrill mit einem Drehspieß ausstatten oder zum Backofen ausbauen.

Grillset bestehend aus:
7   Aufnahmebalken
8   Spießauflage
9   Grillspieß mit 4 Grillguthalterungen
10 Batterielaufwerk
11 Spießscheiben mit 4 Spießnadeln
12 Fett-Tropfpfanne

Backset bestehend aus:
13 Backtürhalterungen
14 Backplatte
15 Strahlungsplatte
16 Backtür mit Messinggriffen
17 Thermometer (bis 500° C)
18 Bäckerschaufel

Die Feuerraumseitenteile werden vorne nicht verblendet, weil an ihnen Grill- und Backset befestigt werden. Seitlich kann die Verblendung aber beliebig weit nach vorne gezogen werden. Nun setzen Sie die **Kaminhutte** auf einem Mörtelbett auf die Feuerraumteile.

5 - 6 Die als Zubehör erhältliche **Rauchabzugklappe** wird auf die Hutte aufgelegt. Das Bedienungsgestänge können Sie nach allen Richtungen ausrichten. Die Aussparungen in der Hutte, die nicht benutzt werden, werden mit Mörtel verschlossen. Das über die Verblendung hinausragende Gestängeteil sägen Sie bündig mit der Verblendung ab. Der Eisengrat wird mit einer Feile entfernt, damit der Griff auf das Gestänge geschoben und festgeschraubt werden kann. Anschließend setzen Sie den Grill ein.

Profitip
Vorsicht: Wenn Sie das Gestänge vor dem Verputzen oder Verblenden absägen, müssen Sie die Putz- oder Verblendstärke berücksichtigen, da das Gestänge sonst zu kurz wird!

Der **Kamin** kann an einen vorhandenen Schornstein angeschlossen werden. Die Verbindung können Sie mit vorgefertigten Anschlußstücken oder Schamotterohren herstellen. Bei einer Schornsteinhöhe von 4,5 m (von der Oberkante des Feuerraums aus gemessen) müssen die Rohre einen Durchmesser von 20 cm, bei einer Schornsteinhöhe von 2,5 m von 25 cm haben. Die Mindeststeigung des Rohres muß überall 45 Grad betragen. Bei freistehenden Kaminen kann ein Schornsteinstück von 1 m Länge mit 25 cm Querschnitt, rund oder quadratisch, direkt auf die Hutte gesetzt werden (Die maximale Belastung sollte nicht mehr als 250 kg betragen!). Das halbkreisförmige Abschlußteil verhindert das Eindringen von Regen in den Kamin. Es sollte entsprechend der Hauptwindrichtung auf das Schornsteinstück aufgesetzt werden. Ein konisch verlaufender Kamin (siehe S. 62) läßt sich leicht bewerkstelligen: Sie tragen zuerst eine Putzschicht auf dem Fertigteil an. Dann ziehen Sie von unten nach oben eine zweite Schicht Putz auf, die nach oben hin ausläuft. So gehen Sie mehrmals vor, bis der Kamin die gewünschte Form hat.

3-6

Gartengrill und Backhaus gemauert

Neben den Fertigbausätzen können Sie Ihr Backhaus oder Ihren
Grillkamin auch mauern. Die Fach-
leute stehen Ihnen hier mit Rat und
Tat zur Seite. Auf Wunsch kann für
Sie auch eine individuelle Planung
erstellt werden.

1 Das Innenleben des großen Backhauses, in dem Sie bei dieser Größe
auch ein Spanferkel knusprig braten
können, besteht aus feuerfestem
Hartschamotte. Die Hülle ist aus
handgestrichenen Ziegeln. In dem
offenen Holzbalkenhaus finden Sie
ausreichend Platz für lauschige
Stunden mit Freunden.

2 Schön eingebunden in den Na-
tursteingarten ist diese Grillfeuer-
stelle, aus rotbraunem Naturstein
gemauert. Oben wird die Grillstelle
mit Steinplatten abgedeckt. Auf
der Feueröffnung liegt der runde
Grillrost aus Edelstahl.

3 Dieser Grillkamin mit integrierter
Aschenschublade ist aus witte-
rungsbeständigem Kalksandstein
gemauert. Alternativ kann auch eine Klinkeroberfläche gewählt werden. Der Phantasie für Ergänzun-
gen sind keine Grenzen gesetzt,
hier z.B. ist eine seitliche Ablage
gemauert.

2

3

Eine lauschige Ecke mit Grill

Material

Grillbausatz, Porenbetonsteine und -platten, Kleber, Dachziegel, Fliesenkleber oder Mörtel, Fliesen, Außenputz, Farbe.

Werkzeug

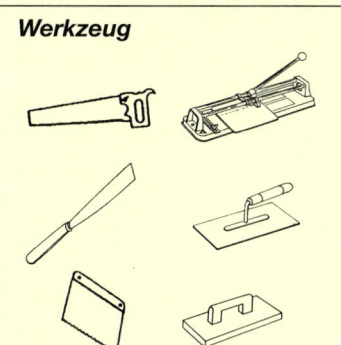

Schwierigkeitsgrad

0	1	2	3

Kraftaufwand

0	1	2	3

Arbeitszeit

Für die Arbeiten ohne Fundament sollten Sie mindestens 5 Tage einplanen.

Ersparnis

Einige tausend Euro.

Ein Baum sorgt auch im Sommer für ein schattiges Plätzchen, an dem man sich gerne zu einem Grillfest zusammensetzt. Geschützt durch das Mauerwerk können Sie es sich rund um den Tisch gemütlich machen.

1 Die **Mauern** und **Regale** sind aus Porenbetonstein gefertigt. An einer Ecke wird die Mauer hochgezogen. Die Steine werden so in Bogenform gesägt, daß sie in einer homogenen Kurve ansteigt. Die Mauer wird mit Dachziegeln abgedeckt, die beidseitig über die Mauer hinausstehen.

2 Das **Betonfundament** wird im Bereich des Baumes kreisförmig ausgespart, damit er in seinem Wachstum nicht gehemmt wird und abstirbt. Die Betonplatte ist mit rötlichen Cottofliesen belegt. Einen schönen Kontrast zu den Fliesen bieten die hellen Kieselsteine, die in die Aussparung um den Baum geschüttet werden.

3 Um die **Ablageflächen** um den Grill vor Verschmutzung zu schützen, werden sie ebenfalls gefliest. Die übrigen Flächen werden verputzt und sorgfältig mit Außenfarbe gestrichen.

1

2

3

Eine Grillküche im Freien

Material

Planbauplatten 23 x 62,5 cm /25 /10 und 17 x 50 cm /25 /10, Stürze 12 x 124 cm /24 /10, Eckschutzschienen, Strukturputz, Fliesen, Sanitärbedarf, Scharniere, Dünnbettmörtel, sägerauhe Bretter.

Werkzeug

Schwierigkeitsgrad

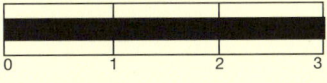

Kraftaufwand

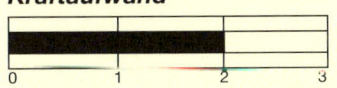

Arbeitszeit

Sie benötigen etwa eine Woche.

Ersparnis

Sie sparen mehrere tausend Euro.

In der Grillküche im Freien entspannt die Sonne genießen, ist eine gute Alternative zu einem Wochenendausflug mit Stau und Streß.

1 Für das richtige Gelingen ist eine gute Planung erforderlich. Zuerst sollte ein **Lageplan** angelegt werden, in dem die Grillküche in den vorhandenen Garten eingezeichnet wird. Falls Sie sich eine perspektivische Zeichnung nicht zutrauen, nehmen Sie die vorhandenen Maße ab und zeichnen Sie eine Aufsicht. Dadurch können Sie überprüfen, ob die angestrebte Lösung zu den umliegenden Bauten oder Baum- und Pflanzenbeständen in Form und Größe paßt. Auch für den Sitzplatz und die notwendige Arbeitsfreiheit am Küchentresen muß genügend Platz eingeplant werden.

Vorhandene Wasser- oder elektrische Anschlüsse sollten ebenso vorher mit in die Planung einbezogen werden, um unnötige Verlegearbeiten zu sparen.

2-3 Bei der Festlegung der **Abmessungen** sollten Sie die Formate von Fertigbauteilen entspre-

1

chend berücksichtigen. In diesem Beispiel werden Porenbetonsteine verwendet. Anhand der Maßzeichnung können Sie sich Ihre individuelle Materialliste zusammenstellen. Die in den abgebildeten Maßzeichnungen verwendeten Maße dienen auch als Hilfe für bestimmte Normlängen und -breiten, wie sie sich für die Höhe und Tiefe der Arbeitsflächen, für praktische Regalbödenabstände als notwendig und sinnvoll gezeigt haben. Das verwendete Grundmaterial sind **Porenbetonsteine** im Format 62,5 x

25 x 10 cm. Für die Arbeitsplatten werden Platten im Sonderformat 75 x 50 x 10 cm eingesetzt. Im offenen Eckbereich müssen bewehrte Stürze im Maße 24 x 124 x 10 cm eingebaut werden. Durch die in den Porenbeton eingelassenen Stahlkerne halten die Stürze jeder Belastung ihrer Arbeitsfläche stand. Bedenken Sie dabei, daß die seitlichen Auflageflächen der Stürze jeweils 2,5 cm betragen müssen, d.h. mit einem Sturz in einer Länge von 124 cm können Sie maximal 119 cm überbrücken.

Es ist zweckmäßig, die Küche durch eine **Dachkonstruktion** vor Regen zu schützen. Sie sollte in jedem Fall so groß bemessen sein, daß die Küchenflächen im Normalfall geschützt sind. Eine Ableitung des Wassers durch eine Regenrinne sollte unbedingt rechtzeitig mit eingeplant werden. Die Aussparungen für die einzelnen Dachsparren können Sie sich nach Angaben von Längen und Neigungswinkel in einer Zimmerei fachgerecht aus den Trägerbalken herausarbeiten lassen.

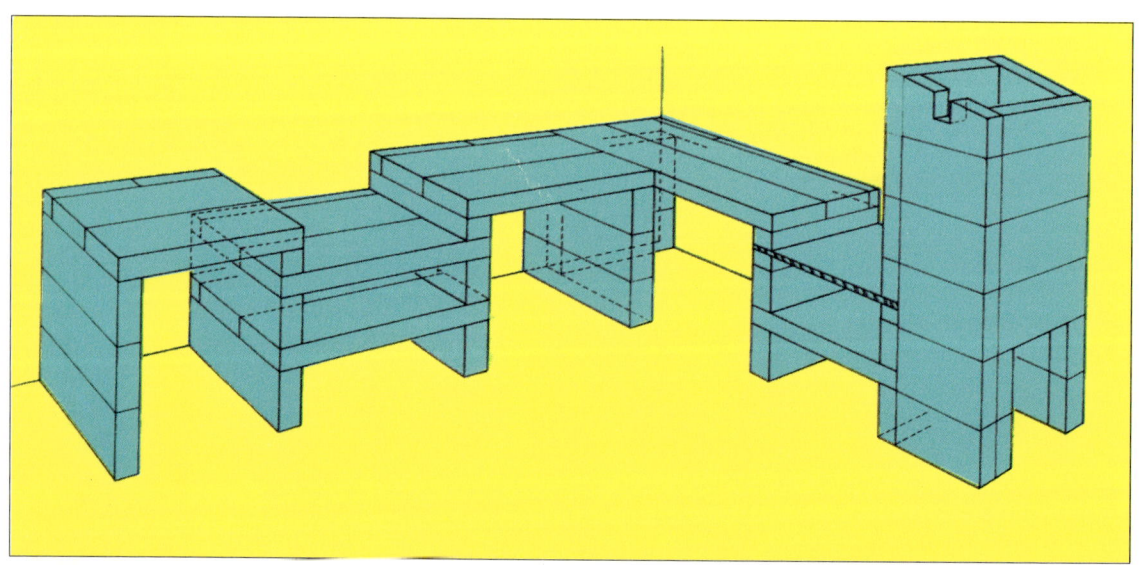

2

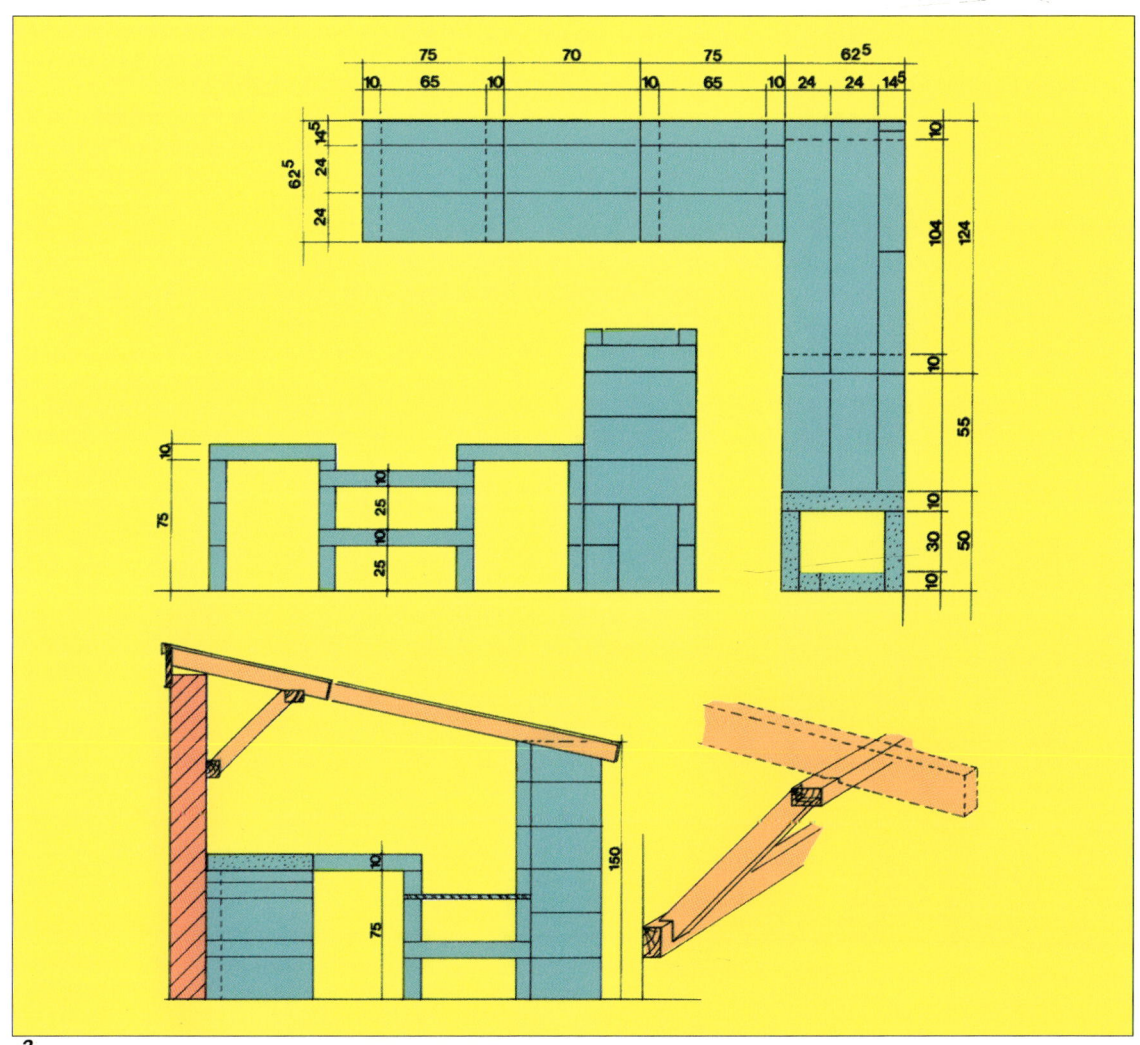

4

5

4 Nachdem Sie das Gebälk aufgebaut und mit Dachziegeln gedeckt haben, beginnt der **Aufbau** der Porenbetonsteine. Zuerst werden die senkrechten Wände aufgemauert. Die Steine werden mit dem angerührten Porenbetonmörtel miteinander verbunden. Wichtig ist, daß die Ausrichtung zur Wand im rechten Winkel und die Entfernungsmaße zueinander genau eingehalten werden, weil die Stürze sonst überstehen oder »zu kurz« sind.

Wenn die Stürze nicht breit genug sind, werden sie im hinteren Bereich verbreitert. Sägen Sie mit dem Fuchsschwanz entsprechende Steinteile (ohne Bewehrung) zurecht, und kleben Sie sie an den jeweiligen Träger. Die Porenbetonsteine lassen sich auch leicht mit einem speziellen Porenbetonhobel glätten und im Winkel ausrichten.

5 Nach dem kompletten Aufbau beginnen die Verputzarbeiten. Als Schutz für die Kanten können Sie vor dem Auftragen der Putzschicht Kantenschutzleisten aus Metall für den Außenbereich anbringen. Die Schienen dienen gleichzeitig auch als Anschlag für das Abziehen des Putzes. Sie können natürlich auch einen Struktur- oder Reibeputz auftragen, falls Ihnen der geglättete Putz nicht zusagt.

Die Arbeitsflächen werden mit rustikalen Fliesen, die frostsicher sein müssen, verklebt und weiß verfugt.

6 Von großem Vorteil ist es, wenn Sie in Ihre Grillküche auch noch ein Spülbecken einbauen können. Wasseranschluß und Ablauf stellen sich jedoch oftmals als ein Problem heraus. Mit dem Verlegen eines gewebeverstärkten Gartenschlauchs, den Sie an einen vorhandenen Außenwasserhahn anschließen, können Sie sich mühelos behelfen.

Ökotip

Den Ablauf eines Spülbeckens können Sie so legen, daß das Wasser im Rasen versickert. Achten Sie dann aber darauf, daß Sie keine Reinigungsmittel benutzen, die zu einer Schädigung des Bodens führen.

Die Terrasse wird mit großformatigen quadratischen Cottofliesen belegt. Wenn Mauer- und Fliesenarbeiten beendet sind, werden die

Türen eingebaut. Die rustikalen Beschläge werden nicht nur wegen ihrer guten optischen Wirkung mit drei Schrauben auf die Stirnflächen der Regalständer geschraubt. Sie bieten durch diese Befestigungsart einen viel besseren Halt als Topfscharniere, wie sie im Innenbereich Verwendung finden. Die Türen selbst bestehen aus nebeneinanderliegenden Fichtenbrettern, die rückseitig durch zwei Querleisten miteinander verbunden werden.

Die Scharniere werden nun in Höhe der Querleisten an die Türen angeschraubt. Die holzschutzimprägnierten Türen werden dunkelbraun gebeizt. Zwischen Tür und Boden wird ein Spalt von 1-2 cm freigelassen, um Fäulnisbildung durch Feuchtigkeit zu vermeiden. Die angebrachten Porzellangriffe sind auch im Freien unverwüstlich.

7 Zentrum der Küche ist der Koch- und Grillplatz.

8 Die benötigten Geräte sind immer in Griffweite, da Ablagen und Arbeitsflächen genügend vorhanden sind. Am Abend sorgt die integrierte Beleuchtung für eine angenehme Atmosphäre.

6

7

8

9

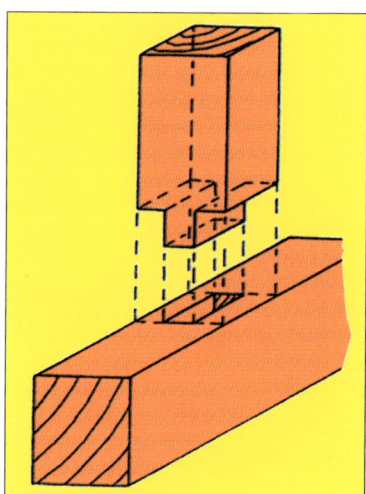

11

10

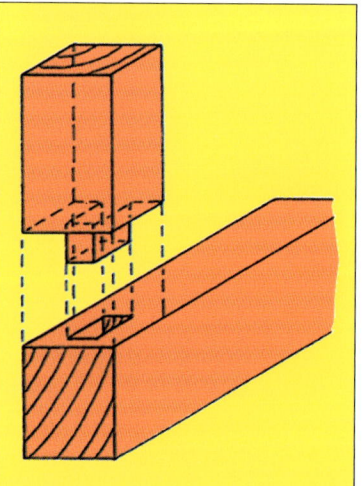

12

Für die **Dachkonstruktion** stehen verschiedene **Holzverbindungen** zur Auswahl:

Die einfachste Möglichkeit ist das **Nageln.** Im Außenbereich ist aber davon abzuraten, weil die Nägel rosten können. Wenn es möglich ist, sollten Sie nichtrostende Schrauben einsetzen. Bei Stahlschrauben, die nur oberflächenbeschichtet sind, müssen Sie aufpassen, daß Sie beim Anziehen der Schrauben die Schutzschicht nicht verletzen.

Professionelle Verbindungen sind **Überplattungen**, **Zapf-** und **Dübelverbindungen**:

9 **Überplattungen** können als **Eck-** oder **Kreuzverbindung** angelegt werden. Für die Ausklinkung bei der Eckverbindung sägen Sie mit der Feinsäge oder einem Fuchsschwanz den Balken bis zur Hälfte ein. Die Ausklinkung muß in der Breite genau der Dicke des zweiten Balkens entsprechen. Mit dem Stechbeitel tragen Sie den angesägten Abschnitt Schicht für Schicht von der Stirnholzseite her ab. Wiederholen Sie den Vorgang. Für eine Kreuzverbindung benötigen Sie zwei Sägeschnitte im Abstand der Holzbreite (Die Tiefe der Ausklinkung entspricht auch hier der halben Holzstärke). Heben Sie den Zwischenraum von außen mit dem Stechbeitel schichtweise ab.

10 Dübelverbindungen können sichtbar oder verdeckt angelegt werden. Bei der sichtbaren Verbindung legen Sie die beiden zu verbindenden Hölzer paßgenau aneinander und fixieren sie mit Schraubzwingen. Anschließend bohren Sie mit einem Holzbohrer, dessen Durchmesser dem Holzdübel entspricht, den Sie verwenden wollen, durch das querliegende Holzstück in die Stirnholzseite des anderen Holzes. Verleimen Sie diese Verbindung und schlagen Sie anschließend den Dübelstab ein.

11-12 Zapfenverbindungen können ebenfalls sichtbar oder, wie in den Abbildungen gezeigt, verdeckt ausgeführt werden. Bei Mittelstreben wird das Zapfloch so breit wie das einzuzapfende Holzstück mit dem Stechbeitel ausgehoben (Die Breite sollte 1/3 der Holzstärke betragen, die Tiefe variiert je nach Belastung des Zapfens).

Für den Zapfen sägen Sie den Balken beidseitig ein und heben links und rechts Material ab. Das Zapfloch sollte etwas tiefer als der Zapfen sein, da Holz quellen kann. Bei der Eckverbindung wird das Holz für den Zapfen auf allen vier Seiten eingesägt. Entsprechend wird das Zapfloch ausgehoben.

13-14 Eine sehr schnelle und billige Lösung der Holzverbindung ist das Verschrauben mit **Stahlwinkeln** und **-blechen**. Sie sind meist verzinkt oder einbrennlackiert. In den Heimwerkermärkten finden Sie eine breite Palette verschiedener Größen und Formungen. Neben den Winkeln gibt es auch vorgebohrte Blechteile für eine fortlaufende Verbindung.

13

Profitip
Bei nicht rechtwinkligen Verbindungen können Sie sich leicht selbst behelfen. In den Schraubstock gespannt, lassen sich die rechtwinkligen Verbinder mit der Falzzange aufbiegen. Bei spitzen Winkeln können sie passend mit dem Hammer zusammengeklopft werden. Vorsicht bei einbrennlackierten Winkeln! Beim Verschrauben kann die Farbe bei zu festem Anziehen der Schrauben abplatzen. An dieser Stelle kann sich Rost bilden.

14

Ein Backhaus im Grünen

Material
Beton, Betonstürze, Sandbett, Isolierwolle, Ziegelsteine, 180 mm Rauchrohr, Klinker, Schornsteinputztüre, Holzbalken-Konstruktion, Windbretter, Kalkputz, Farbe.

Werkzeug

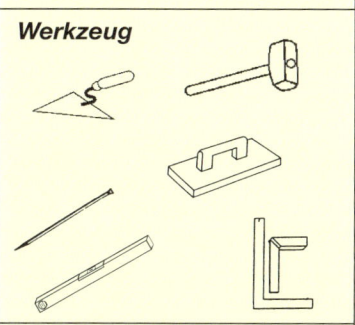

Schwierigkeitsgrad

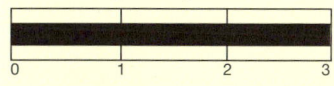

0   1   2   3

Kraftaufwand

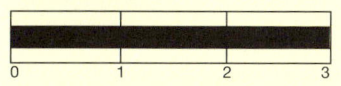

0   1   2   3

Arbeitszeit
Für den Aufbau müssen Sie ca. 2 Wochen rechnen.

Ersparnis
Sie sparen etwa 1500 bis 2000 €.

1

2

Arbeitsanleitung: Backhaus

3

4

5

Ein Holzofenbrot frisch aus dem Ofen ist eine Delikatesse. Selbst backen können Sie es in einem Backhaus in Ihrem Garten. Das **Grundprinzip** eines Backhauses ist ganz einfach. Ein gut isolierter Feuerraum wird mit Holz beheizt, die Schamottesteine nehmen die Wärme auf. Die Asche des verbrannten Holzes wird herausgenommen und die Backwaren eingeschoben.

1-2 Das Herzstück des Ofens ist eine **Kammer** aus Isolierschamotte, die nach vorne hin durch eine Ofentür aus Gußeisen abgeschlossen ist. Es gibt Backöfen, die nur eine Kammer besitzen, in der sowohl geheizt als auch gebacken wird. Bei zweikammrigen Öfen wird die untere Kammer befeuert und die obere Kammer mit den Backwaren bestückt. In die Öfen passen je nach Größe zwischen 4 und 16 Holzofenbrote.

Fertigbausätze enthalten grundsätzlich die Schamotteteile für den Feuerraum, die Rauchabzugklappe mit Gestänge, Aschenlade und Backofengeschränk (so heißt der Fachbegriff für den Gußeisenrahmen mit den beiden Türen). Eine regelbare Zuluftklappe und ein ein-

gebautes Backthermometer sollten ebenfalls mit zur Grundausstattung Ihres Backhauses gehören.
Seitenriß, Grundmaße und Aufbau des Backhauses können Sie der Abb. 9 auf Seite 82 entnehmen.

Die Backkammer wird zunächst mit einer **Isolierwollschicht** umgeben und dann rundum eingemauert. An der Rückseite muß ein Kamin angebracht werden, der unbedingt einen Querschnitt von 20 x 20 cm haben muß. Über ein Rohr wird der Brennraum mit dem Kamin verbunden.

Die angegebenen Grundmaße beziehen sich auf einen Ofen für 12 Holzofenbrote. Vergessen Sie auf keinen Fall vor dem Aufbau den Backhausbau genehmigen zu lassen und die notwendige Kaminhöhe auch mit dem Kaminkehrer abzustimmen.

3 Vor dem Aufbau des Backhauses müssen Sie ein **Fundament** betonieren. Es reicht aus, wenn Sie entsprechend den Grundrißmaßen einen rechteckigen Graben ca. 40 cm breit und in frostfreier Tiefe ausheben und betonieren. Berücksichtigen Sie auch den spä-

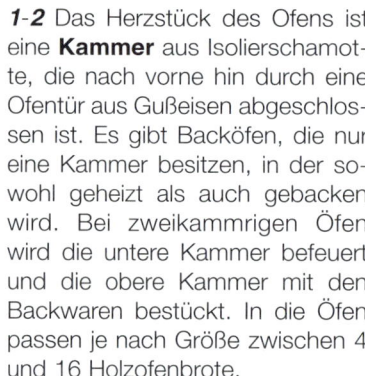

teren Standort des Kamingevierts. Die **untere Steinlage** mauern Sie mit Leichtbetonsteinen auf. Als Feuchtigkeitssperre wird auf den aufgebrachten Mörtel eine Dachpappe oder Bitumenrolle aufgelegt.

Das weitere Mauerwerk wird mit Hochlochziegeln aufgemauert. Die Vorderseite ist im gezeigten Beispiel gegenüber den Seitenwänden leicht zurückgesetzt. Dies müssen Sie bei der Festlegung der Abmessungen genau beachten.

4 In der entsprechenden Höhe wird der offene Innenraum mit **Beton-** oder **Ziegelstürzen** überbrückt. Sie dienen als Auflage für das Schamotteelement des Feuerraums (Zusammengebaut wiegt dieses Teil immerhin über 500 kg!) Die Ziegelmauer wird in halber Mauerbreite zurückgesetzt, damit die Betonstürze genügend Auflagefläche haben. Die Rückwand wird weiter aufgemauert.

5 Die Seitenflächen lassen Sie vorerst noch frei, damit Sie die Schamotteteile bequemer einsetzen können. An der Vorderseite werden links und rechts neben der Aussparung für das Backofenge-

schränk die Ecken hochgezogen. Zwischen Mauer und Geschränk wird eine **Isolierung** eingesetzt. Passen Sie den Gußrahmen ein und mauern ihn aus. Vergessen Sie auf keinen Fall die Aussparung für die Aschenlade in der Vorderfront.

6 Danach wird der Untergrund für die **Schamottesteine** vorbereitet. Schütten Sie lehm- und tonfreien Sand auf die Betonstürze, und verteilen Sie ihn gleichmäßig in der angegebenen Höhe auf der gesamten Fläche.

7 Als nächstes werden die Bodenplatten des Feuerraumes auf dem Sandbett plan ausgerichtet. Die Platten müssen fugenfrei verlegt werden. Anschließend werden die Seitenteile aus Schamotte und die Mittelblöcke eingepaßt.

8 Die Seitenteile sind so einzurichten, daß die Mittelplatten genau zum Geschränk passen. Sie liegen auf »Nasen«, die aus dem Seitenteil herausragen. Durch die Aussparungen im Seitenblock strömen später der Rauch und die Warmluft nach oben in den Backraum (Gilt nur für ein zweiteiliges Geschränk!).

6

7

8

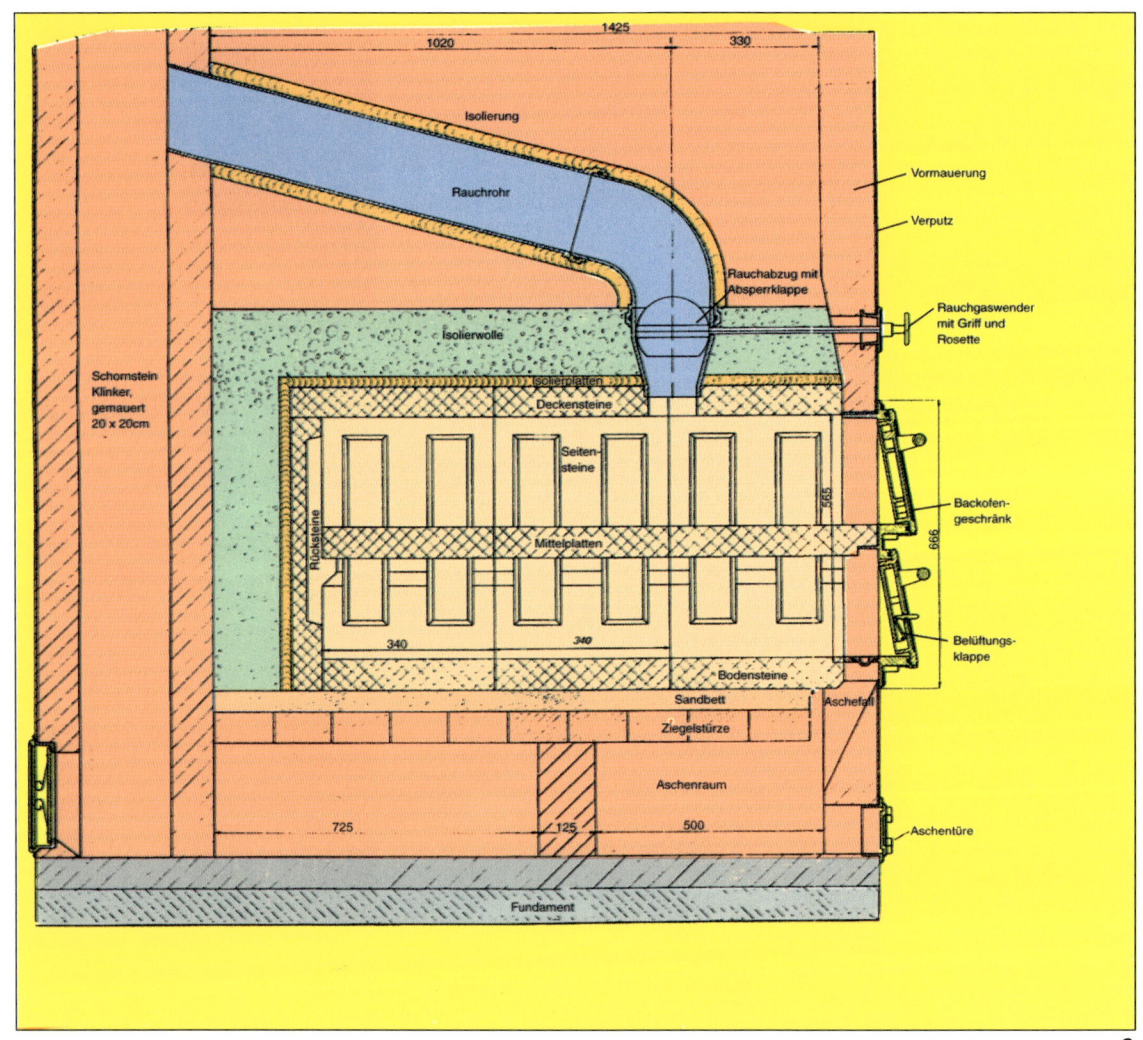

9

10 Das weitere Aufstellen des Feuer- und Backraums ist kein Problem mehr. Exakt ausgerichtet werden die Formteile mit Schamottemörtel ausgegossen und anschließend verfugt.

11 Auf den Auslaß in der Deckfläche des Korpus setzen Sie die **Rauchabzugsklappe** mit dem Wendegestänge auf. Das Gestänge wird in die Vorderseite mit eingemauert.

12 Zwischen die Vermauerung und den Schamottemantel wird **Isoliermaterial** eingebaut. Der Backraum selbst wird mit einer Dämmstoffplatte umgeben. Der verbleibende Hohlraum kann mit hitzebeständiger Isolierwolle ausgefüllt werden.
Durch eine sauber ausgeführte Isolierung erhalten Sie einen zusätzlichen Wärmerückhalteffekt

13 Die Rauchabzugklappe muß nun bis zum **Schornstein** schräg ansteigend verlängert werden. Der Schornstein wird ebenfalls isoliert, Sie können ihn z. B. mit einer Mineralfaserplatte umwickeln. Der aufgesteckte Ofenlocheinsatz wird in den Kamin eingemauert. Im Kamin selbst werden vom Boden

10

11

12

13

14

15

16

17

ausgehend quadratische Klinkerrohre im Format 20 x 20 cm eingebaut. Im unteren Teil ist die Öffnung für die Kamintür eingebaut.

14 Beim abgebildeten Backhaus ist die Vorderseite mit einem **Rundbogen** gestaltet. Sie können natürlich auch andere Gestaltungsideen verwirklichen. Für den Bau eines Rundbogens benötigen Sie eine Holzschalung, die im Bogenverlauf geformt ist. Sie können hierfür z. B. zwei Spanplattenteile verwenden. Die Schalung sollte so tief sein wie die beabsichtigte Mauerdicke. Mit Stützbalken wird die Holzkonstruktion in die richtige Position gebracht. Richten Sie sie mit der Wasserwaage aus, da der Rundbogen sonst schief sitzen kann. Anschließend setzen Sie von außen nach innen die Steine auf den Bogen. Die unteren Kanten der Steine stoßen aneinander. Die dreiecksförmigen Zwischenräume werden mit Mörtel gefüllt. Lassen Sie die Stützkonstruktion einige Tage stehen, damit der Mörtel richtig abbinden kann.

15 Nachdem Sie die Seitenwände gleich hoch aufgemauert haben, werden sie oben mit einer Mörtelschicht geschlossen, damit keine

Feuchtigkeit in die Ziegellöcher eindringen kann. Der Dachstuhl wird am besten von einem Zimmermann hergestellt. Die Konstruktion wird so gewählt, daß das Dach umseitig über das Haus übersteht, um einen besseren Schutz vor Regen zu bieten.

16 Als nächstes wird der Kaminkopf aufgemauert. Die beiden Giebelseiten werden fertiggestellt. Zum Dach hin wird er mit einem Kupferblechwinkel eingefaßt. Auf die Balkenkonstruktion werden nun die Dachlatten genagelt. Wenn Sie wollen, können Sie auch vorher eine **Dachpappe** einziehen. Gedeckt wird das Dach mit sogenannten Biberschwanzziegeln.

17 Das kleine Gebäude wird mit rustikalem Kalkputz versehen.

18 Zum Schluß führen Sie noch einige Verschönerungen aus. Den Sockel, der sich durch die zurückgesetzte vordere Giebelseite ergibt, können Sie mit hochgestellten Klinkersteinen belegen. Die noch offenen Stirnflächen des Daches werden mit gehobelten und lasierten Brettern, auf denen ein Querbrett im rechten Winkel angebracht wird, geschlossen. Die Stirnflächen der Balken verkleiden Sie mit Brettstücken in Biberschwanzform. Die verputzten Wandflächen werden mit einer weißen Kalkfarbe gestrichen.

Zuletzt legen Sie die **Umgebung** des Backhauses an. Vor dem Häuschen wird ein Pflaster aus roten Klinkersteinen verlegt.

Profitip

Wie jeder andere Ofen auch, braucht der Hausbackofen einen Kaminzug. Um festzustellen, ob der Kaminzug in Ordnung ist, wird etwas Papier oder ein Streicholz im unteren Backraum abgebrannt. Der richtige Zug herrscht dann, wenn die Flamme in Richtung Kamin (Rauchabzug) zieht.

19 Der Hausbackofen sollte zunächst aus- oder trockengeheizt werden. Je nach Witterung dauert dieser Vorgang bis zu drei Tage. Das Ausheizen ist deshalb wichtig, weil die gleichmäßige, langsame Austrocknung Risse im Mauerwerk und eine spätere Dampfbildung im Backraum verhindert. Dann können Sie bedenkenlos Ihr Brot backen.

18

19

Gartenkamin mit Schwung

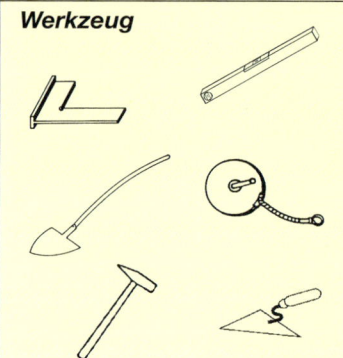

Werkzeug

Schwierigkeitsgrad

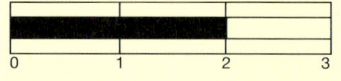

| 0 | 1 | 2 | 3 |

Kraftaufwand

| 0 | 1 | 2 | 3 |

Arbeitszeit
Für das Fundament und den Aufbau sollten Sie zwei Tage einplanen.

Ersparnis
Sie sparen mindestens 500 €.

Sehr schön fügt sich dieser Gartengrill mit seinen schwungvollen Formen in die Gartenlandschaft ein. Der Kamin mit seiner interessanten Waschbetonoberfläche aus gelbem Jurakies lädt mit seinen sitzförmigen Seitenteilen geradezu zum Verweilen ein. Durch die sorgfältige Verarbeitung läßt er sich leicht aufbauen. Die Oberfläche ist endfertig, ein Verputzen, wie es bei vielen anderen Kaminen notwendig ist, entfällt bei diesem Modell.

1 Der Gartengrill kann auf jeder ebenen Fläche aufgestellt werden; der Untergrund kann aus Kies, Sand oder Betonplatten bestehen. Er ist eisenarmiert und dadurch sehr robust. Als erstes legen Sie die Bodenplatte aus und richten diese exakt im Wasser aus. In die Bodenplatte stellen Sie die vier Säulen und die Fundamentrückwand.

2 Auf diese vier Säulen und die Rückwandplatte legen Sie die beiden Grundplatten des Kaminraums sorgfältig auf. Vorne werden nun die fünf Keramikplatten, die einen sehr interessanten Farbkontrast bieten, in die Aussparung der beiden Grundplatten eingesetzt.

3 Als nächstes wird der Feuerraum aufgebaut. Die einzelnen Schamotteteile werden aufgelegt. In die Öffnung der Grundplatte wird der Aschenkasten eingesetzt und mit dem Gußrost abgedeckt.

4 Um den Feuerraum wird dann zuerst die Rückwand aufgestellt. Anschließend setzen Sie die beiden Seitenteile auf. Wichtig ist, daß Sie den Abstand sorgfältig einrichten. Schieben Sie dazu den Grillrost ein. Er muß sauber aufliegen und darf keinesfalls irgendwo anecken.

5 Auf die ausgerichteten Feuerraumteile legen Sie nun die drei Rauchabzugringe auf. Zum Schluß wird der Kamin mit der Rauchabzugsplatte oben abgedeckt.

6 Zu diesem Gartengrill gibt es eine Reihe von Zubehörteilen. Neben dem Grillrost kann ein Drehspieß oder ein Bratkorbspieß, der sich z.B. sehr gut für das Grillen von Fischen eignet, einfach seitlich angeschraubt werden. Eine sinnvolle Ergänzung des Grillsets ist auch eine Saucenschale. Zwei verschiedene Glutkörbe bieten für den Profigrillmeister interessante Variationsmöglichkeiten.

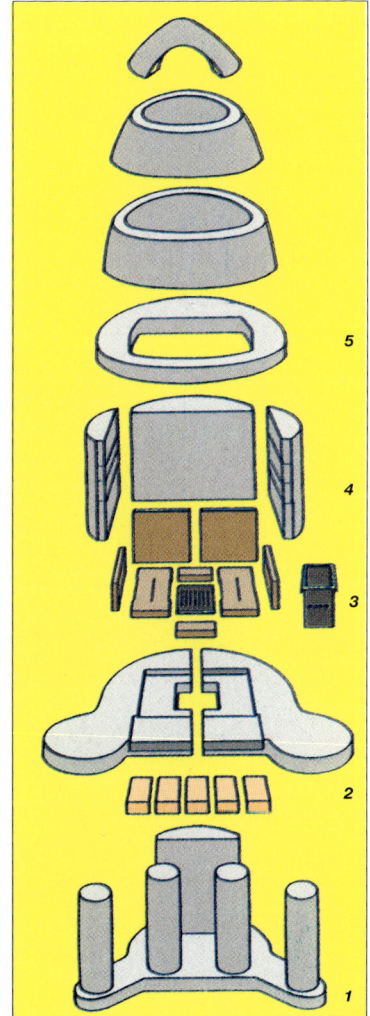

Partykamin mit Holzbackofen

Die Gemütlichkeit eines offenen Kamins, den Sie auch als Grill benutzen können, mit der kulinarischen Nützlichkeit eines Holzbackofens zu verbinden, ist sicherlich für viele eine reizvolle Möglichkeit. Dabei hält sich der Aufwand für den Bau einer solchen Kombination sehr in Grenzen.

Der Untergrund, auf den Sie den Partykamin mit Holzbackofen stellen wollen, muß eine feste ebene Fläche sein. Sie können ihn auf einem bereits vorhandenen Beton-, Stein-, Pflaster- oder Keramikboden aufbauen.

1–2 Falls Sie ihn in den Garten stellen, sollten Sie den Gartenboden mindestens 30-40 cm tief ausheben. (Die Mindestmaße für die Grube können Sie der bemaßten Skizze entnehmen.) Das Erdreich ist durch Kies oder Sand zu ersetzen. Falls der Boden sehr locker ist, sollte er noch vor dem Einbringen von Kies oder Sand festgestampft und verdichtet werden. Auf das Kies-/Sandbett können Sie entweder Waschbeton, Natur- oder Pflastersteine verlegen oder Sie können nun eine Platte von mindestens 5 cm Stärke betonieren.

Wenn Sie die Kamin-/Backofenkombination nur auf Sand stellen wollen, ist es wichtig, daß das Sandbett gleichmäßig abgezogen wird. Dies können Sie am leichtesten machen, wenn Sie z.B. zwei Rohre an den beiden Längsseiten in das Sandbett eindrücken und mit der Wasserwaage in Längs- und Querrichtung ausrichten. Mit einer Holzlatte ziehen Sie dann der Längsrichtung nach den überschüssigen Sand ab. So vermeiden Sie, daß Hohlstellen entstehen

Material
Für die Bodenplatte benötigen Sie Kies (Mineraler), Sand und ggf. Betonplatten.

Werkzeug
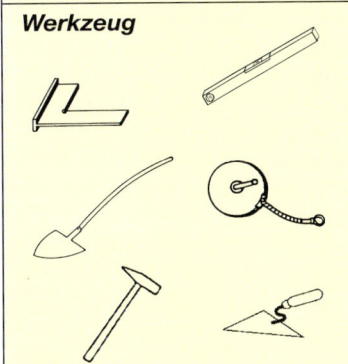

Schwierigkeitsgrad
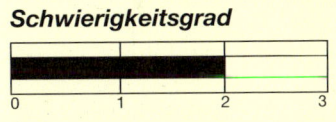

Kraftaufwand
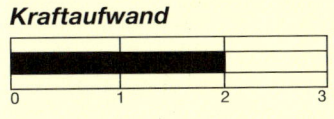

Arbeitszeit
Für das Fundament und den Aufbau sollten Sie zwei bis drei Tage einplanen.

Ersparnis
Sie sparen mindestens 760 €.

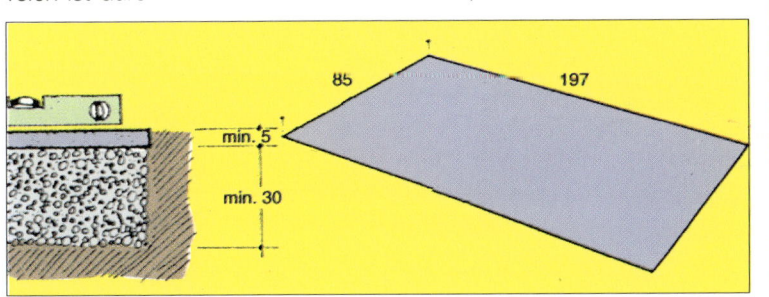

bzw. die beiden Teile nicht richtig zueinander stehen.

3–4 Auf das so vorbereitete Fundament legen Sie nun die Sockelgrundplatte des Backofenbausatzes. Richten Sie diese nochmals im Wasser aus! Auf die Platte werden die beiden Seitenteile und die Frontplatte im Lot gestellt. Die Schrauben drehen Sie anschließend in die Sockelwände ein.

Obenauf werden nun die beiden Sockelabdeckplatten gelegt.

5 Nun kommt der Backraum selbst an die Reihe. Zuerst werden die beiden Grundplatten (1A und 2A) auf den montierten Sockel gelegt. Als nächstes stellen Sie darauf das Rückwandelement (4). An die Rückwand werden die vier Seitenteile (5 und 6) angebaut. Darauf werden nun die beiden Rauchab-

zugelemente (7) aufgesetzt. Vor dem Aufsetzen montieren Sie den Metallrahmen (8A) der Backofentür in das vordere Backraumteil (9).

Nun fixieren Sie die einzelnen Teile des Backraums mit den Metallstangen (11) jeweils seitlich. Ziehen Sie die Schrauben nicht zu stark an, daß keine Betonteile abgesprengt werden! Der Rauchabzug (10) wird auf der Rückwand montiert.

6 Die Abdeckung aus Kupfer mit der vorgerichteten Isolierung wird über den Ofen gestülpt und mit den Schrauben befestigt. Der Deckel wird sorgfältig auf den Rauchabzug gelegt und um diesen herum zur Abdichtung Schamottemörtel aufgetragen.
Zum Schluß setzen Sie die Rauchklappe und den Kamin aus Stahl auf und montieren die mit einem Thermometer versehene Backraumtür.

7–8 Mit der Erfahrung des Backofenaufbaus geht es nun an den Kamingrill. Bei der offenen Sockelvariante werden auf die ausgerichtete Grundplatte die beiden Seitenteile durch einen Querbalken fixiert. Vor dem Aufsetzen der hinteren der beiden Sockeldeckplatten schrauben Sie die Führungsschienen für den Aschekasten an.

9–10 Nach dem Auflegen der beiden Sockeldeckplatten sollten Sie nochmals die Lage mit der Wasserwaage überprüfen und den richtigen Stand im Verhältnis zum Backofenteil nachsehen. Vor das aufgestellte Rückwandteil des

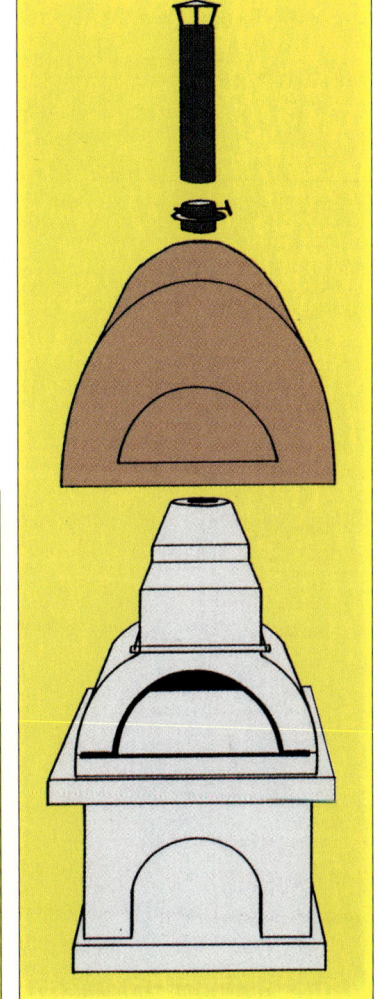

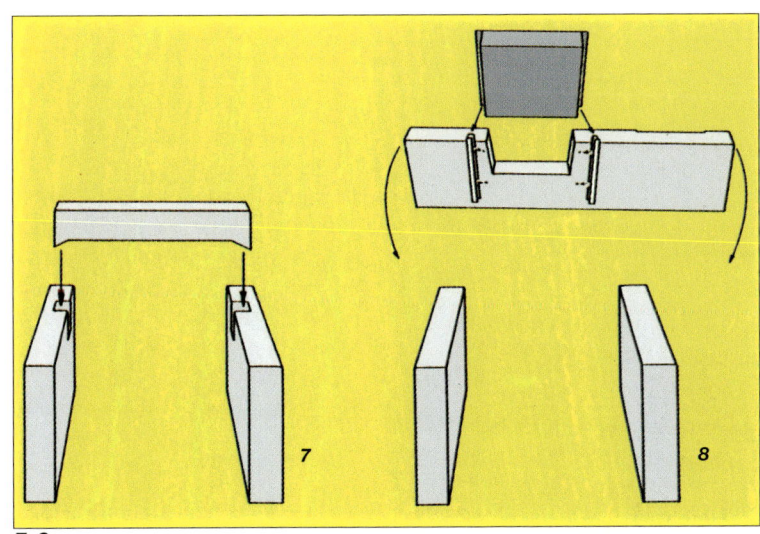

7

8

7–8

6

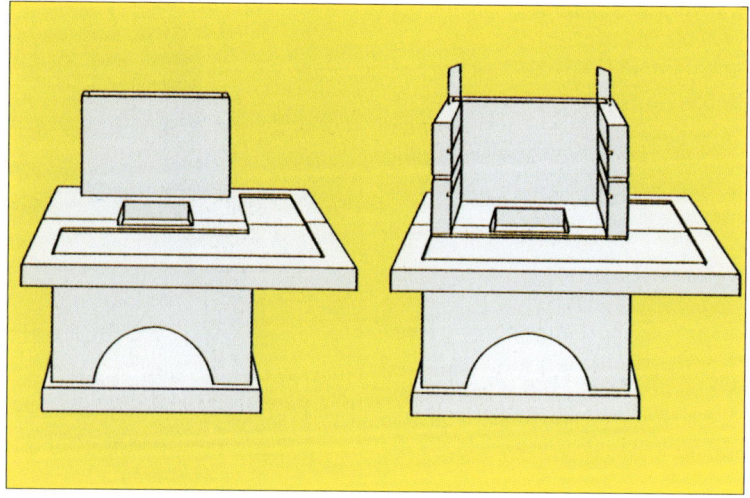

9–10

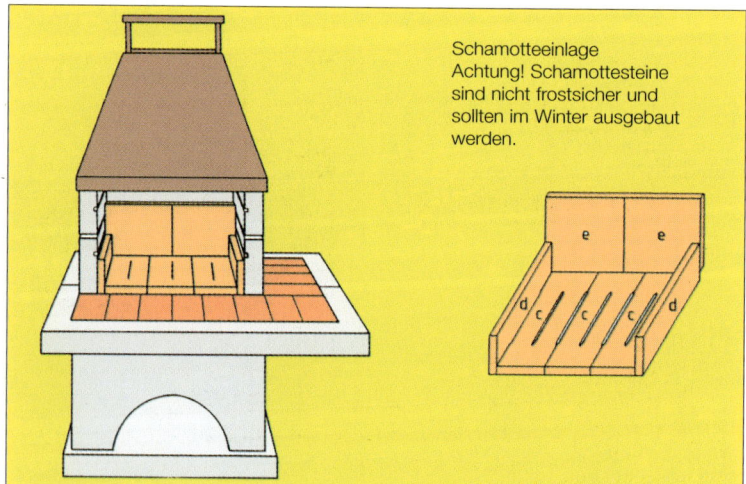

Schamotteeinlage
Achtung! Schamottesteine
sind nicht frostsicher und
sollten im Winter ausgebaut
werden.

11

Feuerraums werden die beiden Seitenteile eingefügt.

11 Die Keramikplatten werden in den ausgesparten Bereich der beiden Grundplatten eingesetzt. Dann kleiden Sie den Feuerraum mit den Schamottesteinen aus. Als letztes wird die Kupferhaube aufgesetzt und mit dem Kaminraum befestigt.

Da die Teile aus Stahlbeton mit sandgestrahlter Holzstruktur sind, ist keine weitere Oberflächenbehandlung wie bei anderen Kaminmodellen mehr notwendig. Verunreinigungen des Betons und Kalkausblühungen können leicht mit einem Scotch-Brite (Pad) entfernt werden.

Bei diesem Backofen wird die Verbrennungshitze und der Rauch durch den oberen Zwischenboden nach vorne umgeleitet, bevor sie hinten in den Kamin entweichen. Dadurch wird die Wärme optimal genutzt und das Backgut erhält so den typischen Holzofengeschmack. Die Backschaufel und der Schieber sind natürlich im Bausatz enthalten.

Und nun viel Spaß beim Backen.

Richtig backen im Holzbackofen

1 Beginnen Sie mit dem Heizen etwa 2,5-3 Stunden vor dem »Einschieben« der Backwaren. Als Heizmaterial verwenden Sie am besten Holz. Benutzen Sie zum Einheizen und Anfachen einfach-heitshalber Reisig, das sich gut über die ganze Fläche gleichmäßig verteilen läßt. Achten Sie darauf, daß das Holz absolut trocken ist.

Die Verbrennungsluftzufuhr wird bei geschlossener Türe über die kleine **Zuluftklappe** geregelt. Vor dem Anheizen wird die Zuluftklappe ebenso wie die **Rauchgasklappe** zum Kamin ganz geöffnet.

Es wird zwei- bis dreimal eingeheizt, bis der Backraum die richtige Temperatur erreicht hat. Wichtig ist, daß das Holz bzw. die Glut über die gesamte untere Backraumfläche verteilt wird.

Nach etwa 90 Minuten beträgt die Hitze im Backraum etwa 250-300°C. Wenn die entstandenen »Kohlen« restlos verbrannt sind, muß die Verbrennungsluft- und die Rauchklappe geschlossen werden. Innerhalb der nächsten zwei Stunden verteilt sich die Hitze jetzt gleichmäßig im gesamten Backraum.

1

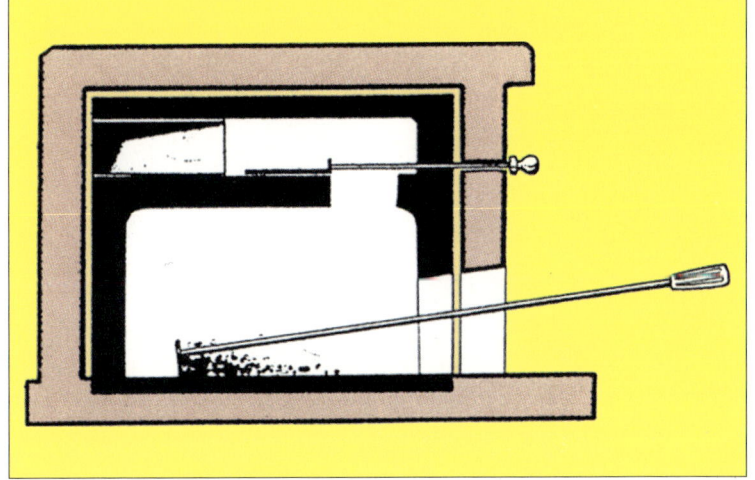

2

3

2 Erst jetzt darf der Ofen von der Asche gereinigt werden. Am besten benutzen Sie hierzu den **Aschenräumschild** und kehren anschließend mit einem frischen Reisigbesen nach.

Die Kaminklappe sollte wegen der Staubentwicklung während der Säuberung geöffnet sein, ist aber nach dem Auskehren sofort wieder zu schließen.

3 Der Backraum hat nun eine Hitze von ca. 220°C erreicht. Dies ist genau die richtige Temperatur, um das Backgut einzuschieben. Die Hitze darf auf keinen Fall 250°C übersteigen. Kuchen und andere Backwaren auf Blech werden als erstes eingeschoben. Brot sollte erst etwas später in den Backraum kommen, wenn eine Temperatur von etwa 190-200°C erreicht ist.

4 Nachdem das Brot eingeschoben worden ist, wird für kurze Zeit die **Kaminklappe** etwas geöffnet, damit die Dämpfe aus dem Backgut entweichen können. Erst wenn die Backdämpfe abgezogen sind (nach ca. 20 Minuten), kann die Kaminklappe geschlossen werden. Nach etwa einer Stunde ist die Backzeit abgelaufen und das Brot fertig.

4

Wo finde ich was?

Abbildungsverzeichnis

Die nachstehend aufgeführten Firmen haben Bildmaterial zur Verfügung gestellt. Da sie damit zur Gestaltung dieses Buches beigetragen haben, möchten wir ihnen für die freundliche Unterstützung danken.

Beton Braun
Albrecht Braun GmbH
Hauptstr. 5-7
73340 Anstetten
Seite: 31 re. u.

Ulrich Brunner GmbH
Zollhuber Ring 17-18
84307 Eggenfelden
www.brunner.de
Seiten: 20 u., 78, 79, 80, 81, 82, 83, 84, 85.

DanSkan
Burgwedeler Str. 7-8
30657 Hannover
www.danskan.com
Seiten: 7, 26 u., 30 li., 31 re. o.

Feuerungs- und Schornsteinbau
Freyburger Str. 4
06632 Balgstadt
www.feuerungsbau-schulz.de
Seiten: 66, 67 o., u.

Hebel AG
Postfach 1353
82256 Fürstenfeldbruck
Seiten: 68, 69, 70, 71, 72, 73, 74, 75.

Erich H. Heimann
Schloßstr. 15
40477 Düsseldorf
Seiten: 46, 51, 52, 54, 56, 58, 60, 61.

Keller's Kaminhof Havighorst
Dorfstr. 57
22113 Oststeinbeck/Havighorst
www.kaminhof.com
Seiten: 27 li., 30 re. o., 31 li. u., 62.

Knauf Bauprodukte GmbH
Postfach 10
97343 Iphofen
Seite: 36.

Munot-Produkte AG
CH-8255 Schlattingen
Schweiz
www.munot.com
Seiten: 86, 88.

Openfire-Rösler-Kamine GmbH
Behringstr. 1-7 / Industriegebiet
63303 Dreieich-Offenthal
Seiten: 26 o., 27 re., 30 re. u., 31 li. o.

Helga Voit
Prinz-Ludwig-Str. 28
85354 Freising
Seite: 37 (2 u. 3).

Alle weiteren Abbildungen sind vom Autor angefertigt worden.